Nur ein paar Stündchen

Nix wie raus, ganz schnell ins Grüne. Auch mit wenig Zeit lässt sich Großartiges erleben. Kleine und große Abenteuer warten direkt vor der Haustür.

4H

Raus für einen Tag

Man muss nicht das Land verlassen, um neue Welten zu entdecken. Einfach mal einen Tag lang raus aus dem Alltagsallerlei und rein in die Natur.

12H

Ferien für ein Wochenende

Warum auf die große Auszeit warten, wenn man einen Wochenendtrip in der Nähe machen kann? Vergnügen, Abenteuer und Wohlgefühl kompakt und intensiv.

36H

LIEBE LESERIN, LIEBER LESER.

die Alpen! Sie sind so vieles: Sehnsuchtsziel. Heimat. Sportgelände. Entspannungsort. Sanft daherkommend oder schroff. Rau und verletzlich. Und oft genug einfach nur überwältigend.

Ganz gleich ob für eine sommerliche Radtour oder für einen winterlichen Ausflug auf Langlaufski: Alpenlust ist immer auch Draußenlust. Für manche der im Buch ausgewählten Eskapaden braucht's ein wenig Ausdauer oder vielleicht sogar ein Fünkchen Mut – um auf einen hohen Berggipfel zu steigen oder auf einen kecken Felszacken zu kraxeln. Die meisten Eskapaden bringen jedoch vor allem eines mit sich: immer wieder genussvolle Auszeitmomente – beim Radeln oder Kanufahren, beim Spurenlesen oder Lamawandern.

Viele wunderbare Eskapaden in den Bayerischen Alpen wünscht Ihnen, dir und euch

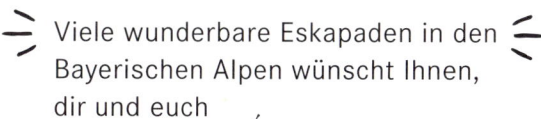

PS: Informationen zum GPX-Download gibt's auf Seite 224.

1. KAPITEL
ABSTECHER

ZEITREISE IN
DIE GESCHICHTE

#8

#18
#1 #19   #12 #2 #5
#6   #10   #11
#20

#9 #13
#17 #3

#15
#4
#7
#16
#14

ALPENSUCHT
TRIFFT
SEENSUCHT

OH WIE
SCHÖN!

Nur ein paar Stündchen

Sich von der Apfelblüte betören lassen, den Wolken nachschauen und in den gar nicht so stillen Winterwald lauschen – die kleine Auszeit ist ganz nah.

4H

EINFACH NUR SCHAUEN

... abends auf der Gebhardshöhe

 **#1**

Mitunter sind es die ganz kleinen Auszeiten in der Natur, die uns besonders in Erinnerung bleiben. Für den Blick, der sich auftut. Für die Ruhe, die sich über die Landschaft legt. Oder für die Menschen, die uns begleiten.

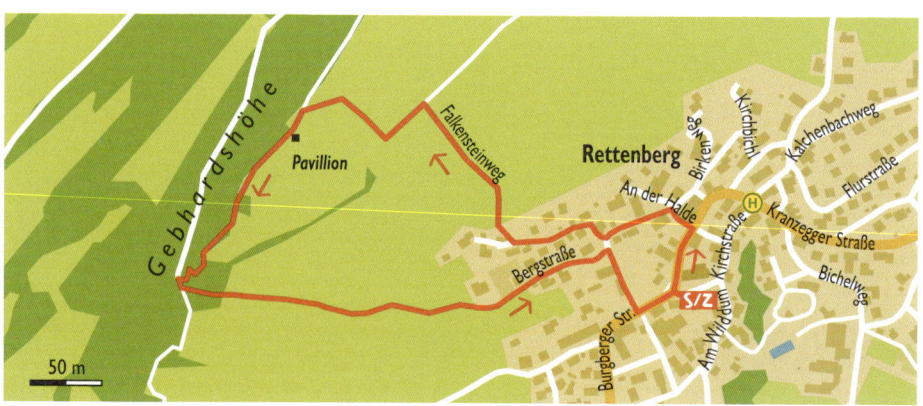

So lässt sich der Abend gut an: Nach nur ein paar Höhenmetern und etwa 30 Minuten Gehzeit darf der Körper herunterfahren und können die Augen entspannen. Der Blick wandert und verliert sich in der Landschaft, die Gedanken schweifen. Willkommen auf der Gebhardshöhe! Die kleine Anhöhe am südlichen Ende des Rottachbergs ließe sich ja allzu leicht übersehen, kämen nicht gleich mehrere Umstände glücklich zusammen: Von ihr eröffnet sich ein unerhört guter Ausblick auf die Allgäuer Alpen, ein entzückend nostalgischer

Bayerische Lebensart: Erst einen Moment auf den Berg steigen. Dort ausharren und ausgiebig Brotzeit machen. Und dann noch einen Moment im Biergarten sitzen.

Holzpavillon gewährt Schutz, sollte es doch mal tröpfeln. Und steigt man wieder von der kleinen Anhöhe herab, lockt unten das Rettenberger Bier.

Angekommen auf der Gebhardshöhe ist nur eine Entscheidung zu treffen: sich auf eine der Bänke rund um den sechseckigen Holzpavillon mit seinem spitz zulaufenden Dach setzen? Oder gleich in eine der Wiesenmulden flachsen, die wie gemacht für einen besonders entspannten Auszeitmoment sind? Eine gute Weile lässt es sich auf dem Grasbuckel aushalten. Mit Blick ins Illertal, an Oberstdorf vorbei und hinunter in den allersüdlichsten Zipfel Deutschlands, der irgendwo ganz, ganz hinten am Grenzstein 147 endet und die Grenze zwischen Tirol, Vorarlberg und Bayern markiert.

Wenn genug geschaut ist, wäre noch ein Feierabendbier unten im Ort drin. Genau genommen lässt sich die kleine Gemeinde in dem Hochtal nördlich des Grünten gar nicht besuchen, ohne aufs Bier zu sprechen zu kommen. Schließlich gesellte sich mit dem Bernardi Bräu vor einigen Jahren gleich noch eine dritte Braustätte zu den beiden alteingesessenen Traditionsbrauereien Zötler und Engelbräu. Die wirklich allerletzte Entscheidung des Tages lautet daher: Brauereigasthof Engelbräu oder Brauereigasthof Adler-Post für das Zötler-Bier?

Tipp: Wem der abendliche Abstecher auf die Gebhardshöhe etwas zu kurz ist, baut ihn kurzerhand zu einer Rottachberg-Kammwanderung Richtung Falkenstein aus.

Hin & weg: Tagsüber Bus bis Rettenberg. Am Abend bleibt nur das Auto. Zentrale Parkmöglichkeit direkt an der Kirche.

Dauer & Strecke: Gut 1 Std. Oder länger. Etwa 3,5 km Rundweg ab der Bushaltestelle.

Beste Zeit: Ganzjährig. Wunderbar an milden Tagen. Brauerei-Öffnungszeiten auf www.engelbraeu.de und www.brauereigasthof-adler-post.de

Ausrüstung: Nichts Besonderes.

FAZIT: KLEINE ANHÖHE, GROßARTIGER AUSBLICK. NICHT VERPASSEN!

DEN FRÜHLING AUFSPÜREN

... bei den Sieben Quellen

#2

Ein bisschen Lila hier, etwas Gelb da. Und überall Grün, das sich nach einem langen Winter endlich wieder zeigt. Mit den noch verschneiten Wettersteingipfeln im Hintergrund darf ein aktiver Frühlingstag im Tal ruhig mal ganz besonders viele Pausen haben.

Glasklar und türkis schimmernd:
Am Pfrühlmoos geht der sonst
so schlanke Mühlbach etwas in
die Breite.

An einem x-beliebigen, wettermäßig einigermaßen passablen Wochenende geschieht es ja schnell einmal, dass man sich irgendwo zwischen Garmisch-Partenkirchen und dem Ende (oder Anfang, je nach Sichtweise) der A95 im zähen oder stehenden Verkehr verhakt.

Wenn in einem solchen Moment gleich nebenan die Radler an der Loisach plötzlich zügiger vorankommen als man selbst, liegen zwei Fragen nahe: Warum nicht einfach mal wieder mit den Öffentlichen einen Ausflug unternehmen? Und wie sieht es eigentlich hinter dem Fluss aus? Wenn sich dann auch noch der Frühling zu Wort meldet und es zu spät ist zum Skifahren, aber noch zu früh zum Bergwandern, ließe sich das Vorhaben, das rechte Loisachufer zu erkunden, endlich in die Tat umsetzen. Und ganz nebenbei der Frühling aufspüren.

Im ersten Augenblick kann die steil aufragende Westflanke des Estergebirges in der schmalen

Endlich Frühling! Das erste zarte Grün im Tal ist eine Wohltat für die Augen – und macht viel Lust auf Draußensein und Bewegung.

Flussebene schon recht einschüchternd wirken. Aber der Eindruck verfliegt schnell, denn das Augenmerk dieser kleinen Auszeit liegt bald auf ganz anderen Dingen. Auf den Sieben Quellen zum Beispiel, die bis zu 1000 Liter Wasser pro Sekunde in einen Quellteich sprudeln.

Startpunkt für eine gemütliche Wanderung ist Eschenlohe. Vom Bahnhof geht es Richtung Loisachbrücke und nach rechts in die Mühlstraße. In der Verlängerung führt diese in die Römerstraße und direkt in die Wiesen. Die Wegfindung ist denkbar einfach, die Sieben Quellen sind bereits im Ort ausgeschildert. Zwar ist es zu dem Quellteich nicht weit, dennoch sind mehrere Päuschen und Stopps schon auf den ersten drei Kilometern vorprogrammiert: Da wäre zum einen der einfach grandiose Blick ins Loisachtal und zu den

noch dick in Schnee gepackten Wettersteingipfeln. Dann wieder nur wenige Meter weiter auf Höhe des Dorfskilifts ein Halt, um an das glasklare, türkis schimmernde Wasser des Mühlbachs zu gehen und eine Weile in die Spiegelungen zu betrachten. Nochmals wenige Schritte später ist ein kleiner Steg eingerichtet, an dem man am liebsten schon wieder ...!

Hin & weg: Los geht's am Bahnhof Eschenlohe, das Ziel ist der Bahnhof Oberau.

Dauer & Strecke: Gehzeit ohne Pause 2 Std., 7,5 km. Als Rundweg doppelte Länge.

Beste Zeit: Sehr empfehlenswert im Frühling, alternativ auch im Herbst. Im Sommer ist es mitunter recht heiß.

Ausrüstung: Bequeme Schuhe ... und los geht's.

Und so geht es weiter: an den Sieben Quellen und an immer wieder hübschen Plätzen vorbei, die einer wie der andere dazu verführen, ein bisschen zu bleiben. Nach etwa sieben Kilometern einfacher Forst- und Feldwege ist dann Oberau erreicht, wo es über die Loisach zum Bahnhof geht.

Tipp: Auch als Rundweg ohne Weiteres zu empfehlen, dann am besten mit dem Rad. Dazu noch vor der Brücke nach Norden abbiegen und rechts des Flusses wieder zurück nach Eschenlohe. Mit Ausnahme eines kürzeren Stücks kommt man auf diese Art sogar kaum in Hörweite der stark befahrenen B2.

FAZIT: GESUCHT UND GEFUNDEN! AUF FAST BRETTLEBENEN WEGEN LOCKER-LEICHT MITTEN IN DEN FRÜHLING.

AN DER APFELBLÜTE BETÖREN

 ... bei einem Ausflug nach Bad Feilnbach

#3

Genau genommen kommt der Frühling ja in zwei Schüben: zunächst ganz behutsam mit ein paar Schneeglöckchen und Krokussen hier und da. Später dann gewaltig mit einer explodierenden Obstblütenpracht. Am bayerischen Alpenrand zeigt sich diese besonders üppig in Bad Feilnbach.

Besonders schön zur Obstbaumblüte: Zwischen Streuobstwiesen und Bienenhäusern zeigt sich Bayern rund um Bad Feilnbach von seiner intakten Seite.

Um ein weiteres »genau genommen« anzubringen: Vielleicht wird einem das gar nicht auf Anhieb bewusst, aber in und entlang der Bayerischen Alpen hält der Frühling ja gern ein ganzes Stück später Einzug als anderswo. Das ist schon bemerkbar, wenn man sich aus Städten wie Augsburg, München oder Rosenheim den Bergen nähert, ganz zu schweigen von weiter entfernten, milden und sonnenverwöhnten Regionen.

Umso überraschender ist es dann, wenn auch an der Alpennordseite ein Landstrich mit einem Klima aufwartet, das Südtirol alle Ehre machen könnte. Begünstigt durch eine geschützte Kessellage entsteht rund um Feilnbach ein Mikroklima, das sich überraschend gut für den Obstbau eignet. Das hat um 1800 auch der Wirt des Schlossbauern-

hofs in Lippertskirchen bei Bad Feilnbach erkannt. Er zog als Erster Bäume in einer eigenen Baumschule und legte so den Grundstock für immense Obstkulturen. Bald fand er Nachahmer – und als 1897 die Bahnlinie von Aibling nach Bad Feilnbach eröffnet wurde, gab es schnell »Blüten-Sonderfahrten«, mit denen sich zahlreiche Ausflügler anlocken ließen.

Heute gedeihen rund um Bad Feilnbach wohl um die 30 000 Obstbäume, wie eine Zählung ergab. Auf kleineren und größeren Streuobstwiesen, in alten Bauerngärten oder am Straßenrand stehen die Feilnbacher Hauszwetschgen, vor allem aber Apfelbäume. Würde es nicht allzu verklärt klingen, ließe sich die Region als »lieblich« bezeichnen. Sanfte Hügel wellen sich aus dem Moor an den Wendelstein und die benachbarten Voralpengipfel heran. Im Frühling, zumeist irgendwann Ende April, leuchten dann die blühenden Obstbäume in den unterschiedlichsten Weißtönen um die Wette.

Besonders ausgiebig lässt sich diese Blütenpracht bei einem Spaziergang rund um Bad Feilnbach – über die Weiler Altofing und Kutterling sowie das Kirchdorf Wiechs – genießen. Dazu geht es am Rathaus los und in einem Bogen über die Riesenfeld-, Breitenstein- und Wendelsteinstraße hinüber zum Aumanwirt. Die dort mögliche und

Hin & weg: Mit dem Auto, Parkplätze nahe der Touristinformation.

Dauer & Strecke: Ca. 2 Std., 7,5 km.

Beste Zeit: Für die Blüte: Ende April. Ansonsten ganzjährig.

Ausrüstung: Bequeme Schuhe, Kamera nicht vergessen!

Was im Frühling blüht, kann im Herbst geerntet werden, ganz nach dem Motto: An apple a day keeps the doctor away.

durchaus empfehlenswerte Pause vielleicht aufheben, bis man vom kleinen Schlenker nach Kutterling zurück- und wieder an dem Landgasthof vorbeikommt.

Danach hinüber in das überschaubare Wiechs, wo die Zeit für eine kleine Dorfrunde inklusive Stippvisite in der Kirche drin sein dürfte, bevor es über die Flurstraße zurück zum Ausgangspunkt in Bad Feilnbach geht. Unterwegs gibt es noch die Möglichkeit, in der Mosterei Meisterhof vorbeizuschauen und Saft oder Most, Obstessig oder Edelbrände direkt vom Erzeuger zu kaufen.

FAZIT: WENN DIE OBSTBÄUME MIT IHREN BLÜTEN KOKETTIEREN, IST ES UNUMGÄNG- LICH, SICH AUF EINEN KLEINEN FRÜH- LINGSFLIRT MIT IHNEN EINZULASSEN.

JA, MIR SAN MIT'M RADL DA

>– … Frühlingsausfahrt auf die Stoißer Alm –<

#4

Selbst wenn's auch im Winter häufig und viel in die Berge und überhaupt rausgeht, ist die erste richtige Frühlingstour im Jahr immer wieder etwas ganz Besonderes. Zur Belohnung für die Höhenmeter gibt es oben ordentlich Kalorien.

»Von hinten« auf die Stoißer Alm kommt man, wenn man den Weg von Westen wählt. Auf einem kurzen Trailstück vor der Alm ist Technik gefragt, im Zweifel die des Schiebens.

Um Klassiker lässt sich ein großer Bogen machen. Oder man kann sie angehen. Denn: Ein Klassiker ist ein Klassiker ist ein Klassiker. Aus gutem Grund: wegen der Landschaft und des Ausblicks. Weil der Kaiserschmarrn (oder das Bier) ein wenig ausgepowert doppelt so gut schmeckt. Oder wegen der Kombination aus allem. So wie auf der Stoißer Alm.

Man muss wissen: Viele Wege führen auf die Stoißer Alm. Als der einfachste für Mountainbiker gilt der von Südwesten. Auch im Mai, wenn die Sennerinnen wieder auf der Alm sind und ihre Gäste bewirten, hält sich auf kurzen, schattigen Abschnitten entlang des Schotterwegs mitunter noch etwas Schnee versteckt. Doch man kommt gut durch, um

ein paar Höhenmeter später auf der Sonnenterrasse Platz zu nehmen und das grandiose Bergpanorama zu genießen.

Am Parkplatz Markgraben bei Obergschwendt gestartet, geht es zunächst flach ein kurzes Stück in den Wald hinein und bald nach rechts über den Markgraben. Dann heißt es in die

Hin & weg: Mit dem Auto bis zum Parkplatz Markgraben bei Obergschwendt.

Dauer & Strecke: Sportliche 2 Std. für 16 km / 600 hm. Oder etwas länger.

Beste Zeit: Perfekte Frühjahrstour. Öffnungszeiten und mehr auf www.stoisseralm.de

Ausrüstung: Mountainbike.

Egal von welcher Seite und wie man den Weg zur Stoißer Alm angeht – zur Belohnung gibt es ein Alpenpanorama erster Klasse.

kleinen Gänge schalten und gleichmäßig den Schotterweg emporkurbeln. Nach etwa 300 Höhenmetern und damit zur Höhenhalbzeit ist eine Pause vorprogrammiert: An einer Weggabelung bietet sich eine hervorragende Aussicht auf Inzell.

Ein paar Minuten weiter bergauf nochmals eine Verlockung: Rechter Hand in der Wiese liegt die hübsche Bäckeralm (www.bäckeralm-inzell.de). Wenn man es spontan doch etwas gemütlicher angehen möchte als ursprünglich geplant, wäre das der (erste) ideale Platz für eine Einkehr. Wirklich weit ist es jetzt aber auch bis zur Stoißer Alm nicht mehr. Zwischenzeitlich lassen sich die Gänge wieder etwas höherschalten und man verliert sogar mal ein paar Höhenmeter. Nur kurz vor dem Ziel ist wahrscheinlich Absteigen angesagt. Denn es wird erst arg steil und grobschottrig und danach direkt noch trailig. Quasi »von hinten« rollt man auf die Stoißer Alm ein. Und dann? Ankommen und einfach genießen. Das Panorama und überhaupt.

Wenn man sich irgendwann wieder loseisen kann, geht es über den Trail und das Steilstück zurück auf den Forstweg, und diesem folgend, zunächst recht steil über Nord-Nordwest zurück ins Tal.

Tipp: Bei der Anreise mit der Bahn lässt sich in Teisendorf zur Stoißer Alm starten. Von dort sind es ein paar Kilometer und Höhenmeter mehr bei zum Schluss steiler Auffahrt.

FAZIT: JEDERZEIT WIEDER! ... UND WELCHER WEG RAUF AUF DIE STOIßER ALMA SOLL'S BEIM NÄCHSTEN MAL SEIN?

25

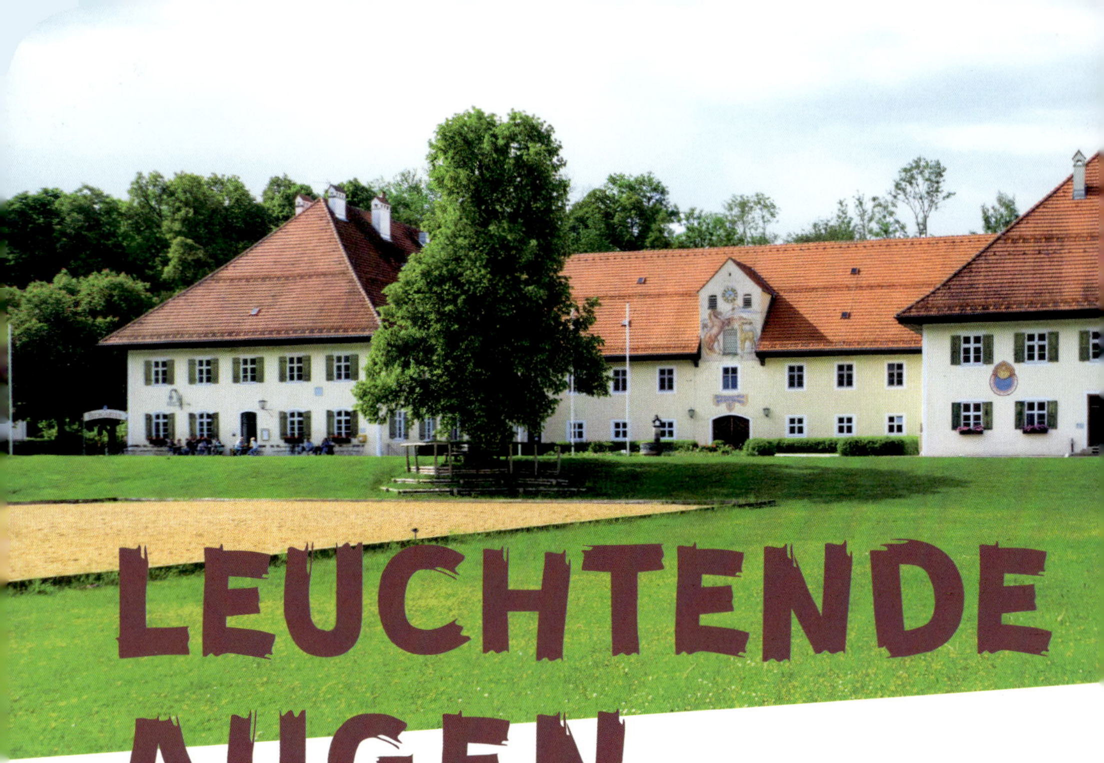

LEUCHTENDE AUGEN

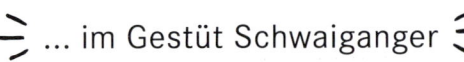

... im Gestüt Schwaiganger

#5

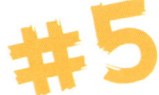

Übermütig springen im Mai die jungen Fohlen auf der großen, saftigen Koppel um ihre Mütter. Was wiederum ziemlich jedem Zaungast ein Lächeln ins Gesicht zaubert. Dafür braucht man nicht mal ausgesprochener Pferdenarr zu sein.

#Landesgestüt #Pferde #Fohlen #allesGlückderErde

Ankommen ... und im Handumdrehen ein Lächeln im Gesicht und leuchtende Augen. Die Probe aufs Exempel macht man idealerweise an einem jener Maiwonnetage, wenn alles ausgetrieben hat und zwischen sattgrünen Wiesen und Weiden das Gestüt Schwaiganger am Wegrand auftaucht - ein wenig wie aus der Zeit gefallen.

Am intensivsten lässt sich dieser Moment von Ohlstadt herüberkommend erleben. Bei dieser Variante ist das Gestüt oben-

drein auch per Bahn bestens erreichbar. Auf dem Rad sind die knapp fünf Kilometer ab Bahnhof so schnell wie entspannt rum - dazu geht es am Fuße des Heimgartens und fern der Straße kurz in ein paar sanften Kurven durch hügeliges Bauernland. Und schon ist man da: im Haupt- und Landgestüt Schwaiganger, wie es vollständig heißt. Pferdexperten erkennen bereits am Namen, worum es auf dem weitläufigen Gelände mit seinen altehrwürdigen Stallungen und Gebäuden geht: Eine eigene Stutenherde ist

Geschichte am Wegesrand: Das Fieberkircherl bauten die Ohlstädter, als die Pest von 1634 überstanden war. Spanische Soldaten hatten sie eingeschleppt.

hier zu Hause ebenso wie mehrere Zuchthengste. Insgesamt um die 300 Tiere.

Schon seit mehr als 1000 Jahren werden in Schwaiganger Pferde gehalten. Mal war das Gut adeliger Besitz, mal Kloster, dann die Sommerresidenz von Herzogin Maria Anna, noch später standen hier Militärpferde. Heute ist es Eigentum des Freistaats und es werden drei Rassen gezüchtet: das Bayerische Warmblut, das Süddeutsche Kaltblut und Haflinger.

Was den Ausflug nach Schwaiganger so besonders sympathisch macht: Als Besucher darf man sich über das gesamte Gelände treiben und dabei sogar den Pferden die eine oder andere Streicheleinheit zukommen lassen. Beim Rundgang kommt man an der Sattlerei vorbei, riecht die ölgeschwängerte Luft rund um die Schlosserei und kann einen Blick in die Schmiede erhaschen. Dann noch ein wenig beim Beritt und bei der Ausbildung der Pferde zugeschaut.

Hin & weg: Bahnhof Ohlstadt, von dort mit dem Rad oder zu Fuß zum Gestüt.

Dauer & Strecke: Vor Ort ein Stündchen. Oder länger. Viel länger. Vom Bahnhof ca. 5 km zum Gestüt.

Beste Zeit: Ganzjährig.
Im Frühjahr und Frühsommer ist Fohlenzeit!
Mehr auf www.lfl.bayern.de/lvfz/schwaiganger

Ausrüstung: Nein, bitte nix zu futtern für die Pferde.

Zu den Rössern mit den Stahlrössern – und dann im Biergarten vom Landgasthof Herzogin Anna die Sonne und ein erfrischendes Getränk genießen.

Zum Abschluss das ruhige Treiben auf dem Gestüt am besten entspannt vom Biergarten des Landgasthofs Herzogin Anna aus beobachten, bevor es irgendwann wieder retour nach Ohlstadt geht.

Tipp: An mehreren Nachmittagen unter der Woche zeigt ein Gestütsmitarbeiter interessierten Besucher die Stallungen und Gebäude. Treffpunkt der gut einstündigen Führung ist der Brunnen neben dem Gasthof.

FAZIT: DER FASZINATION PFERD ERLIEGEN! WANN, WENN NICHT JETZT? WO, WENN NICHT HIER?

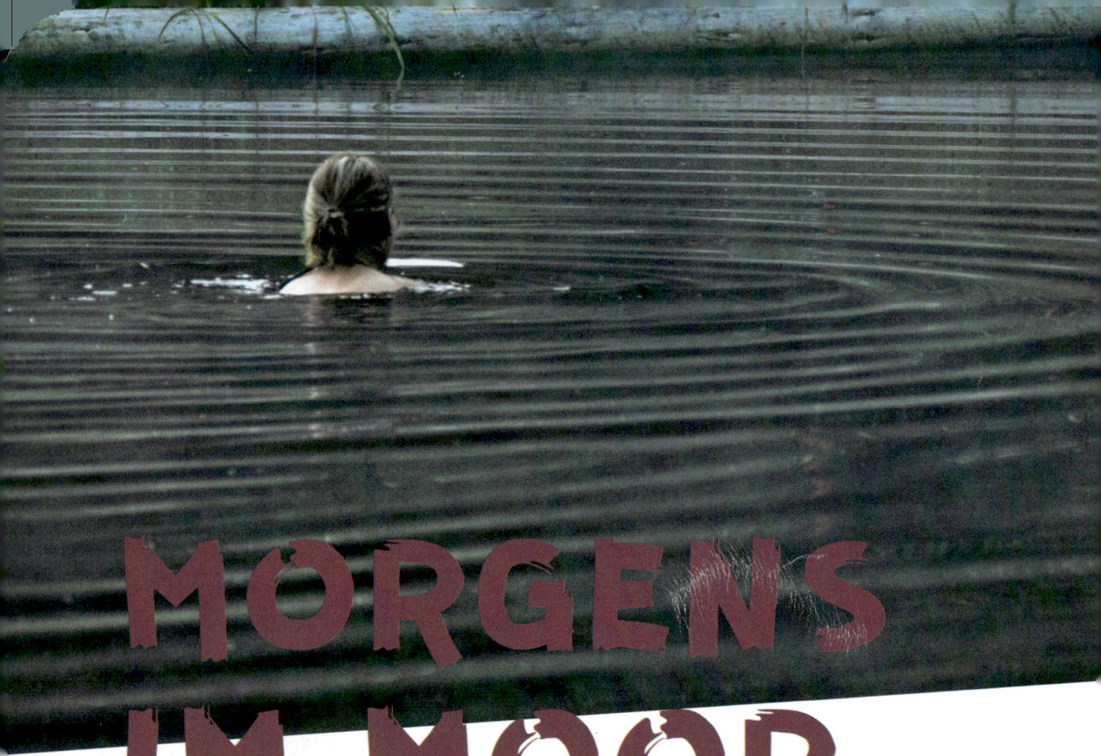

MORGENS IM MOOR

... Frühschwimmer in Oberjoch

#6

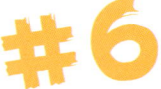

Morgens, wenn sich die Sonne über die Gipfel schiebt und ihre Strahlen einen Weg durch die Wipfel suchen, gibt sich das Kematsrieder Moos geheimnisvoll: Vom spiegelglatten Teich des kleinen Moorbads dampft es kräftig in den sich erwärmenden Tag.

#Erfrischungsbad #Sommermorgen #allesdampft #Moortreten

Der große Vorteil des Hochmoorbads bei Oberjoch: Im Sommer ist das Wasser ruckzuck warm und Temperaturen von 20 Grad sind schnell erreicht, was auf einer Höhe von 1100 Metern bei Weitem nicht selbstverständlich ist. Einen entscheidenden Nachteil hat das Moorbecken jedoch auch, zumindest auf den ersten Blick: Es ist weit davon entfernt, klar zu sein. Alles, was in ein Moor gehört, schwebt im Wasser herum, kaum dass man zwei, drei Schritte auf dem schlammigen Boden gemacht hat. Dunkel, fast schwarz wirkt das Wasser, nur hier und da

hellt es die Morgensonne in ein kräftiges, glitzerndes Rostbraun auf. Mag sein, dass der Körper bei den ersten Schwimmzügen ob des ungewohnten Ambientes etwas fremdelt. Doch dieses Gefühl hat sich bald verflüchtigt und schon nach kurzer Zeit stehen alle Zeichen auf Entspannung in dem besonders weichen Moorwasser.

Neben dem außergewöhnlichen Naturerlebnis bringt die frühe Uhrzeit einen weiteren Effekt mit sich: Das frei zugängliche Moorbad gehört einem dann selbst an einem wun-

Ein ganz besonderes Schmankerl für Frühaufsteher: Das sonst eher kupferfarbene Moorwasser spiegelt die gesamte Blau-Palette des sommerlichen Morgenhimmels.

derbaren Sommerwochenendtag mit etwas Glück ganz allein. Erst nach und nach kommen die ersten Frühschwimmer vorbei. Später am Tag kann es hier gedrängt zugehen, denn Oberjoch lebt ziemlich ausschließlich vom Tourismus und entsprechend gefragt ist an warmen Tagen ein Platz auf der Liegewiese. Auf eigene Art ganz natürlich geräuschvoll wird es morgens erst einmal nur nebenan im Moortretbecken: Mit lauten Schmatzgeräu-

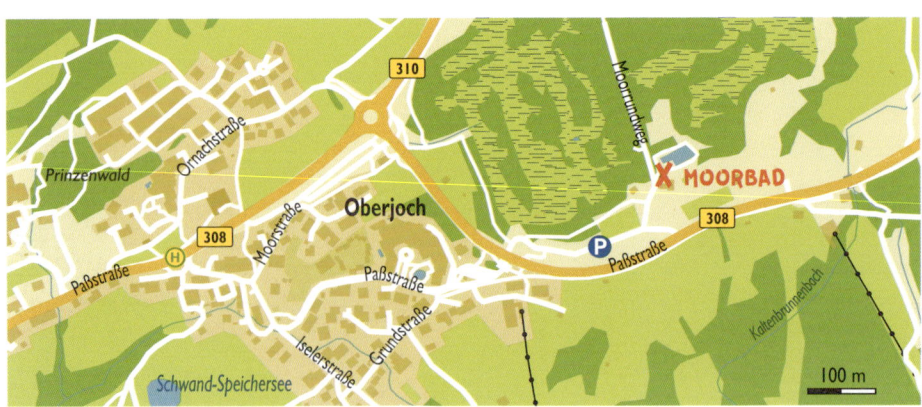

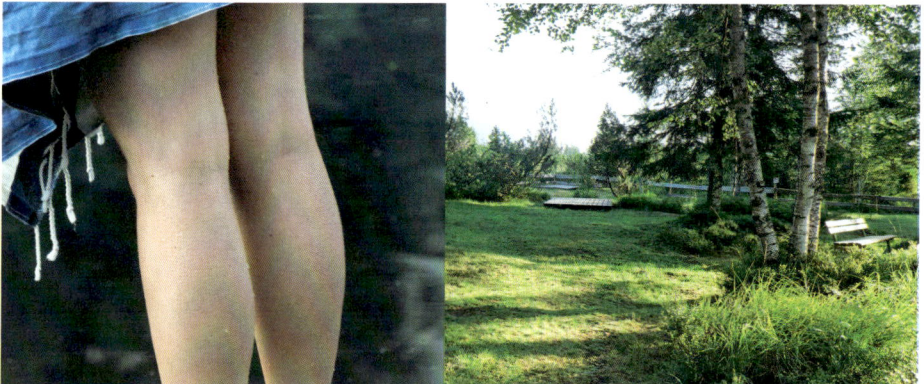

Erst kommt der Körper im frischen Wasser in Schwung, dann wärmen ihn die ersten Sonnenstrahlen des Tages.

schen quittiert die braune Masse jeden Schritt. Ein paarmal im Kreis gegangen und bis weit über die Knöchel im Morast versunken, dann noch mal ins Wasser oder unter den im Vergleich viel kälteren Strahl der Outdoor-Dusche gestiegen, um den ganzen Schladderadatsch vorsichtig wieder abzuwaschen. Das ist auch schon alles, was man tun muss, um sich die durchblutungsfördernde Kraft des Torfs zunutze zu machen. Anschließend lässt man sich auf einem der Holzdecks rund um das Moorbecken und zwischen den Birken wunderbar in der Sonne trocknen.

Tipp: Nach dem Schwimmen noch ein wenig gehen? Direkt hinter dem Moorbad führt ein Spazierweg in das eigentliche naturnahe Hoch- und Übergangsmoor samt Latschenfilz und Offenflächen.

FAZIT: WARM — WÄRMER — MOORSEE. EIN KLEINER, FEINER BADESPASS.

Hin & weg: Das Moorbad Oberjoch befindet sich direkt hinter der Moorhütte an der Passstraße. Morgens am besten mit dem Auto zu erreichen (Passstraße 51, Bad Hindelang). Tagsüber fahren regelmäßig Busse (Haltestelle Iselerbahn).

Dauer & Strecke: 1 Stündchen.

Beste Zeit: Mitte Mai–Anfang September.

Ausrüstung: Badesachen, Badeschlappen, Handtuch.

KLEINE GIPFEL- (GUCK-) TOUR

≥ ... auf der Kneifelspitze ≤

Um hohe und anspruchsvolle Berge in vollen Zügen zu genießen, reicht es mitunter aus, sie schlicht aus der Ferne zu betrachten. Wie gut, dass es für solche Momente leicht erreichbare Logenplätze wie die Kneifelspitze gibt.

#Paradeblick #kleinundfein #Logenplatz

Gerade mal gut 400 Höhenmeter sind es vom Ausgangspunkt in Maria Gern bis zum Gipfel. So lässt sich dem Beispiel vieler Einheimischer folgen, die gerne auch mal kurzerhand für ein Feierabendbier auf die Kneifelspitze laufen. Oder man macht einen gemütlichen Halbtagesausflug draus.

Zugegeben, ein erster, flüchtiger Blick auf die Karte spricht nur bedingt für eine Wanderung auf die Kneifelspitze: waldreich und flachkuppig gibt sie sich. Mit ihren 1189 Metern geradezu ein Winzling im Vergleich zu den großen Bergnamen in den Berchtesgadener Alpen – ob nun Hochkönig oder Watzmann, Hochkalter oder Hoher Göll. Der Weg? Technisch einfach. Jedoch hin und wieder sehr steil, abschnittsweise gar betoniert. Und das Gipfelplateau dominiert der Berggasthof Paulshütte derart, dass Puristen spätestens an dieser Stelle abwinken mögen.

Einmal auf den Weg gemacht, kommt die erste Belohnung jedoch bereits nach wenigen Metern. Denn von der Wallfahrtskirche

Berge. Und Berge von Mohn. Panoramablick auf der Aussichtsterrasse.

in Maria Gern führt ein kleiner Umweg vom Kneifelspitzenweg zur Marxenhöhe, einem seit jeher beliebten Aussichtspunkt oberhalb von Berchtesgaden, der ganz einfach als genial bezeichnet werden darf: Schon von hier tut sich ein fabelhafter Blick auf den Watzmann auf. Eine Zeit lang hing hier eine Schaukel – alpenländisch heißt sie Hutschn – doch extreme Schneelast ließ die stattliche Kiefer, an dem die Schaukel hing, Anfang 2019 einfach umkippen und hat so dem Hutschnzauber ein jähes Ende bereitet.

Dem Hauptweg weiter nach Osten und bald stramm bergan folgend, steigert sich das Gipfelguckerlebnis immer und immer weiter – durch die Wiesen hindurch, vorbei am Kneifellehen und hinauf zum Gasthof. Oben angekommen lässt sich vorzüglich darüber philosophieren, ob sich von der Kneifelspitze vielleicht ganz und gar der überhaupt beste Panoramablick im Berchtesgadener Land auftut. In jedem Fall zeigt der Watzmann von hier

aus seine Schokoladenseite. Das allein schon ist Berggenuss pur!

Tipp: Das Gipfelkreuz befindet sich auf der Terrasse des Berggasthofs, vor dem Abstieg empfiehlt sich auch noch der kurze Abzweig zum sogenannten Salzburgblick. Zurück auf gleichem Weg. Alternativ lässt sich auch eine Rundwanderung aus der kleinen Tour machen. Eine weitere Alternative ist es, direkt von Berchtesgaden über den Metzenleitenweg den Weg zur Kneifelspitze zu nehmen. Das lässt einen unabhängig von Auto und Bus sein.

Hin & weg: Mit Bus oder Auto bis Maria Gern. Von dort über die Marxenhöhe, im weiteren Verlauf mehrere Wegvarianten möglich.

Dauer & Strecke: gut 400 hm, inkl. gemütlicher Gipfelpause am besten als Halbtagesausflug planen.

Beste Zeit: Ganzjährig. Gasthof im Nov./Dez. nur am Wochenende und bei schönem Wetter geöffnet.

Ausrüstung: Zur Not geht's auch in Jeans, jedoch auf feste Schuhe achten.

FAZIT: HIN UND WIEDER DIE GROSSEN BERGE NUR GENUSSVOLL ANGUCKEN IST AUCH EINE (LEBENS-)KUNST.

DAS GLÜCK DIESER ERDE

 … Ausritt im Allgäu

#8

Rein ins Wasser?! An einem Tag mit einigermaßen passenden Temperaturen stellen sich diese drei Worte gar nicht erst als Frage, sondern dürfen für Pferd und Reiter als unmittelbare Aufforderung gelten, kaum dass der Grüntensee erreicht ist.

Auch wer noch nie in einem Sattel gesessen hat, darf sich auf genussvolle Stunden freuen - inklusive einer kleinen Erfrischung im See und vielleicht einem dezenten Muskelkater am nächsten Tag.

Erinnerung an wunderbare Stunden auf dem Pferderücken.

Insgesamt acht Pferde, vom zierlichen Pony bis zum Haflinger, stehen im Stall vom Ferienhof Ostheimer am Rand von Wertach. Geduldig, gutmütig und geländegängig ein jedes von ihnen. Liebling aller Kinder ist der Kleinste in der Runde, Minishetlandpony Max. Er lässt sich ausgiebig streicheln und auf ihm können die Kinder ihre ersten Reitversuche unternehmen. Die Erwachsenen frischen derweil ihre Reitkenntnisse auf Nero, dem Haflinger, oder den Islandpferden Hilda und Koela auf. Und auch wer bis dato selbst noch nie auf einem Pferd gesessen hat, darf sich angeleitet von Simone Ostheimer gut aufgehoben wissen.

Dank der ausgeprägt gelassenen Charakterzüge aller Pferde auf dem Hof lässt sich auch recht unkompliziert ein Ausritt angehen. Wie lang der im Einzelnen dauert und wohin er geht, hängt von den Wünschen der Reiter ab. Im besten Fall ergibt sich eine hübsche Runde

Es scheint, als könnte es in diesem Augenblick nichts Beglückenderes geben, als den Pferden beim Wassertreten zuzuschauen. Vor allem Koela, die Islandstute, hat ihren Spaß dabei: Das linke Vorderbein hochgehoben, über dem Wasser angewinkelt und geschickt wie eine Wasserschaufel dazu verwendet, den Bauch mit dem kühlenden Nass zu benetzen. Als Reiter gibt es in dieser Sekunde genau zwei Möglichkeiten: darauf vorbereitet sein, Reaktionsschnelligkeit beweisen und die eigenen Beine noch rechtzeitig nach oben ziehen. Oder eben den sich anbietenden Freibadmoment kurzerhand gemeinsam mit seinem Pferd auskosten.

Bis später der Stall erreicht ist, sind die Klamotten zwar vielleicht noch nicht wieder trocken, aber was ist das schon gegen die

Hin & weg: Regelmäßige Bahn-/Busverbindung über Oy nach Wertach. Alternativ mit dem Auto an den Ortsrand von Wertach in der Nähe des Campingplatzes.

Dauer: 1–3 Std. ganz nach Gusto.

Beste Zeit: Ganzjährig.
Mehr auf www.ferienhof-ostheimer.de

Ausrüstung: Feste Schuhe. Reitkappe & Co. sind auf dem Hof vorhanden.

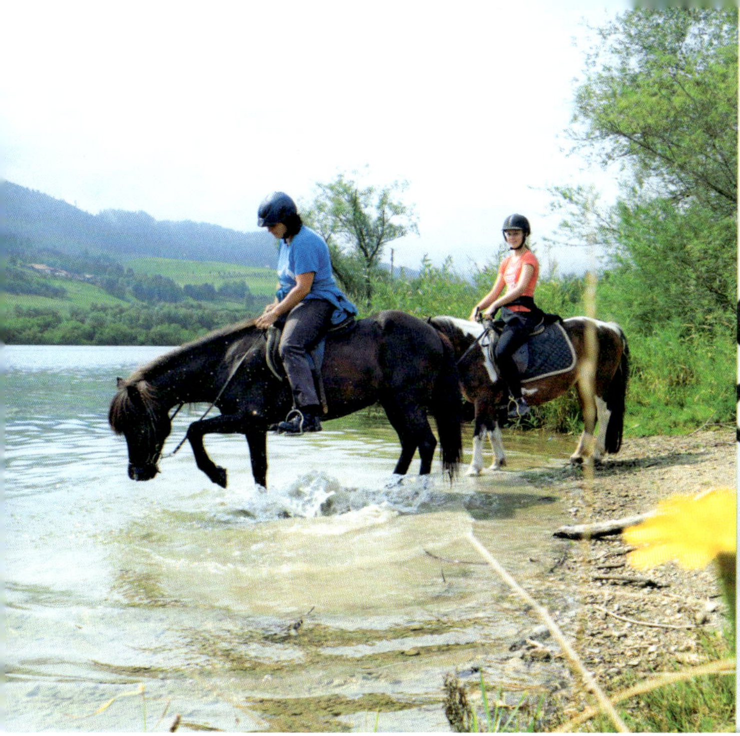

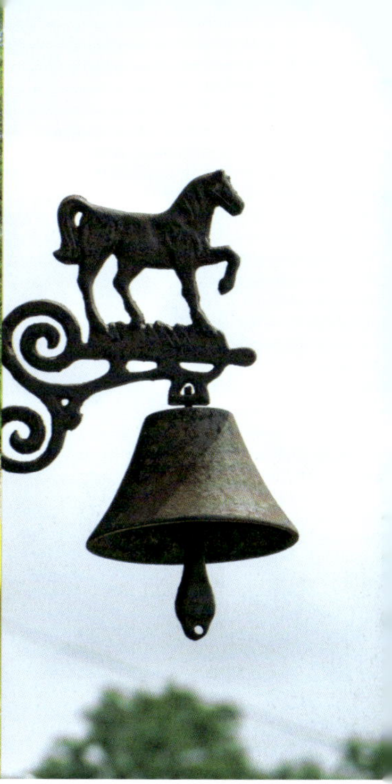

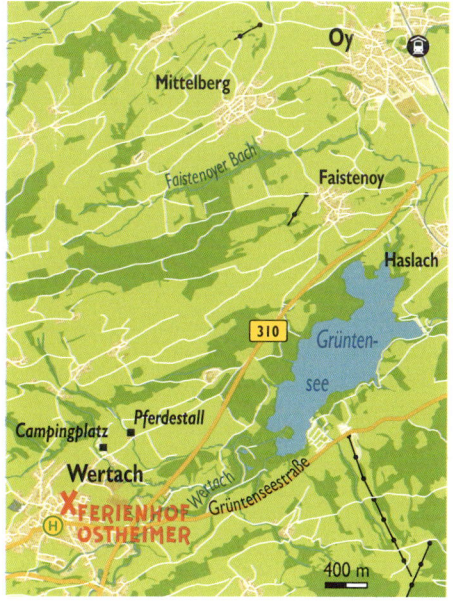

hinauf in den Wald, zwischen den Wiesen hindurch und hinunter zum Grüntensee.

Während man so durch die Natur streift, lässt sich ein wenig plauschen oder den Gedanken nachhängen und natürlich dem Geklapper der Hufeisen lauschen, das an besonders schönen Tagen irgendwann vom Spritzen und Platschen des Wassers abgelöst wird.

FAZIT: SPONTANER MINIURLAUB GEFÄLLIG? EINFACH MAL (WIEDER) AUF EINEN PFERDERÜCKEN SCHWINGEN!

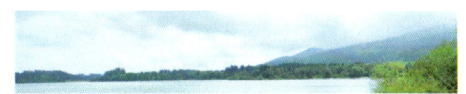

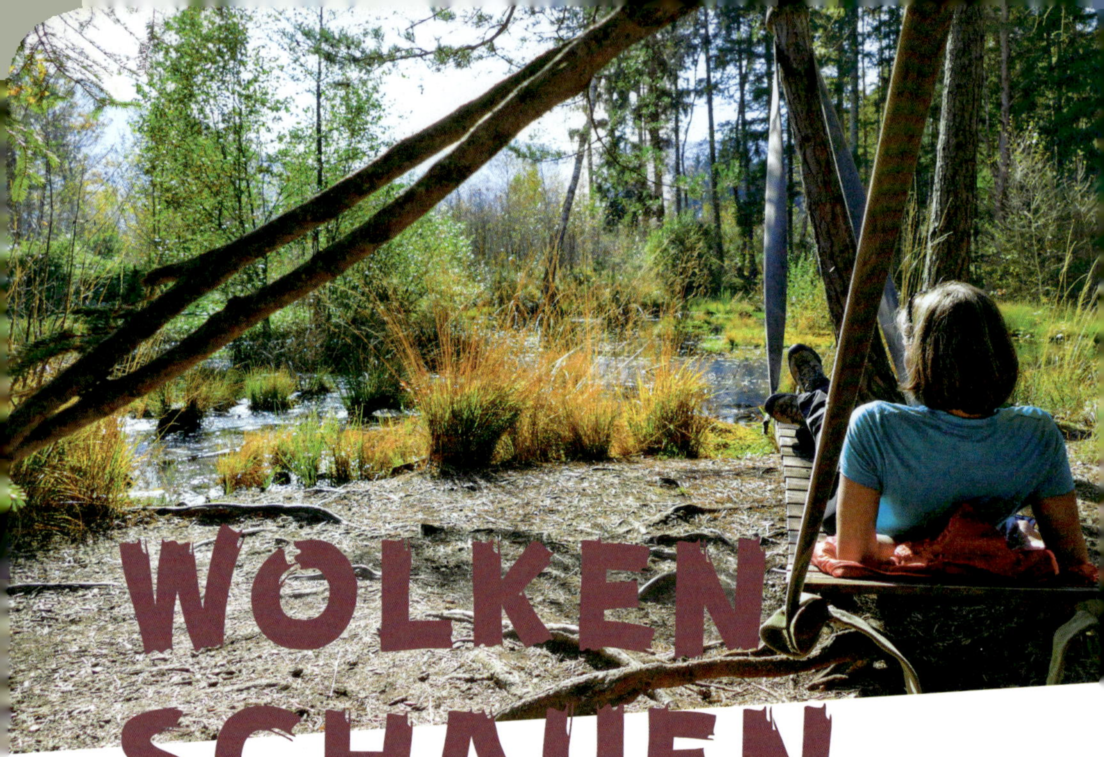

WOLKEN SCHAUEN

... in den Sterntaler Filzen

#9

Verborgen hinter knorrigen Bäumen ein schwarzgrün schimmernder Tümpel. Immer wieder Rausch- und Moosbeeren. Sonnenstrahlen, die alles leuchten lassen und Spiegelungen ins Wasser zaubern. Ein wunderbarer Fleck für eine Pause von allem!

#garnichtunheimlich #Moor #Wolken #Herbstsonne

→ ABSTECHER...

Ein Platz, um sich verzaubern zu lassen: Alle Sinne werden in dem »Urwald« angesprochen.

In den Mooren wanderten die Seelen Verirrter oder im Morast Versunkener umher, meinte man früher. Lange Zeit waren sie den Menschen daher unheimlich. Auch mit all dem Wissen, das wir heute haben, lässt sich diese furchteinflößende Seite des Moores durchaus nachfühlen – gerade zu Zeiten, wenn der Wind das Wetter über das Land peitscht. An Tagen, an denen eitel Sonnenschein herrscht, ist das Moor indes nur eins: zauberhaft. So wie ganz hinten am Ende des Bohlenwegs, der verzweigt durch die Sterntaler Filze führt. Sanft berühren die Sonnenstrahlen den vermoosten Waldboden, ein Wechselspiel aus Schatten und Licht, ein Flickenteppich aus kälteren und wärmeren Spots mitten zwischen den hoch aufragenden Fichten. Seinen Namen trägt der »Urwald der Sinne« zu Recht. Das Moos, die darauf gebetteten Zapfen – alles verführt zum Anfassen und Fühlen.

Moor, wie es in den Sterntaler Filzen erlebbar ist, gehört zu den wertvollsten naturnahen Lebensräumen. Die Hochmoorflächen sind

Hinter den Infotafeln gilt: nur noch gucken, nicht mehr betreten.

nahezu unversehrt geblieben und genau das macht ihren Zauber aus. Die Sterntaler Filze sind damit eine Ausnahme innerhalb des Rosenheimer Stammbeckenmoores, zu dem sie gehören: Dem Großteil der Moore ist der Mensch auch hier über viele Jahrzehnte zu Leibe gerückt. Ab den 1970er-Jahren begannen dann die ersten, sehr aufwendigen Renaturierungen und besonders in den letzten Jahren ist durch Wiedervernässung ein wertvoller neuer Lebensraum für Tiere und Pflanzen entstanden.

In den Sterntaler Filzen lässt sich ganz spielerisch und nebenbei viel über Moore erfahren: Gleich zu Beginn kommt man an drei Loren vorbei, wie sie früher zum Abtransport des Torfs verwendet wurden. Von einigen Vogelbeobachtungsstationen aus lassen sich seltene

Spezies wie Schwarzstorch und Wasserralle, Eisvogel und Kiebitz entdecken. Aussichtspunkte ermöglichen einen Blick ins angrenzende Kollerfilz, das noch lange und ganz offensichtlich die Wunden des Torfabbaus zeigen wird.

Wie ein verwunschener Kontrapunkt wirken da die Sterntaler Filze. Mit Picknickstationen

---

Hin & weg: Bus bis Derndorf mit Anbindung an die Bahn in Brannenburg. Alternativ mit dem Auto, kurz vor den ausgeschilderten Sterntaler Filzen befindet sich ein kleiner Parkplatz.

Dauer & Strecke: 1 Std. oder mehr.

Beste Zeit: Ganzjährig.

Ausrüstung: Bei Nässe rutschfeste Schuhe wegen des Bohlenwegs.

![Bohlen helfen über besonders nasse Stellen hinweg ... und führen zu kleinen Mitmachstationen für Kinder.]

Bohlen helfen über besonders nasse Stellen hinweg ... und führen zu kleinen Mitmachstationen für Kinder.

und kleinen, charmanten Angeboten für Kinder. Menschenströme braucht man nicht befürchten, denn auf den ersten Blick wirkt das Moor schlicht unspektakulär. Lässt man sich aber erst mal drauf ein, wird man unglaubliche Stimmungen erleben.

Ganz wunderbare Plätze, um sich denen hinzugeben, sind die Wolkenbeobachtungsstationen – zwischen die Bäume gehängte Schwingschaukeln, die auch ohne Wolken hervorragend funktionieren. Einfach drauflegen, kurz anschaukeln und in den Himmel träumen.

FAZIT: EIN REIZENDER ORT, UM DEM GEHEIMNIS DER MOORE NACHZUSPÜREN.

→ ABSTECHER ...

ALPEN-GLÜHEN

… abends am Eibsee

#10

Augenblicke, in denen die Zeit stehen zu bleiben scheint. In denen die Welt sich verklärt. Ohne Frage: Das Alpenglühen fällt in diese Kategorie. Ein großartiges Naturspektakel und ein stiller Moment gleichermaßen.

#Zugspitze #Sonnenuntergang #purpurrot #Spiegelung

Kann man sich an so einem Blick überhaupt satt sehen? Als Fremdkörper in dem Idyll dürfte für manche Besucher die Superlativ-Stütze der 2017 in Betrieb genommenen neuen Zugspitzbahn gelten.

den Lieblingen unter den bayerischen Alpenseen. Das grandiose Aussehen hat er seiner Entstehung zu verdanken: Mit dem Rückzug des Isar-Loisach-Gletschers entstand eine Senke, die sich mit Wasser füllte. Später katapultierte ein gewaltiger Bergsturz riesige Mengen Geröll ins Tal, verformte mit gigantischen Energien die Senke und verlieh ihr ihre heutige Gestalt.

Untertags kann der Massentourismus dem Eibsee schon arg zusetzen. In den Abendstunden aber zeigt er sich – vor allem in der Nebensaison – von seiner stillen und endgültig zauberhaften Seite.

Will man diese Stimmung erleben, nähert man sich dem See am besten etwas antizyklisch und spaziert erst los, wenn die Touristen aus aller Welt schon wieder auf den großen Parkplatz der Zugspitzbahn zurückkehren. Umrundet man den See im Uhrzeigersinn, bieten sich am Westufer einige hübsche Stellen für eine Pause an. Geht dann das Lichtspiel los, gibt es zwei Strategien: Entweder man

Lichtspieltheater. Ein Begriff, der einem schon mal in den Sinn kommen kann, wenn man gegen Abend vom Nordufer des Eibsees in die Höhe schaut. Denn wie eine riesige Leinwand ragen die schroffen und zerklüfteten weißgrauen Wettersteinwände hinter dem klaren, grün getönten Seejuwel in die Höhe. Das Lichtspiel beginnt pünktlich bei Sonnenuntergang. Von Westen her streicht die Sonne die Gebirgsgipfel zunächst zart-, später leuchtend rot an. Schon nach wenigen Minuten scheint die Sonne erschöpft ... nur, um nochmals für einen letzten Moment alle Rotregister zu ziehen und die Berge in tiefen, satten Purpurtönen erglühen zu lassen, bevor der Vorhang für den Abend fällt.

Mit seinen acht, neun kleinen Inseln und seinem unverbauten Ufer gehört der Eibsee zu

Hin & weg: Tagsüber fahren Busse von Garmisch-Partenkirchen und Grainau an den Eibsee. Je nach Jahreszeit kann der letzte Bus zurück noch (knapp) erreicht werden. Alternativ Parkplatz an der Talstation der Zugspitzbahn.

Dauer & Strecke: Etwa 2 Std., 7 km.

Beste Zeit: Nebensaison, im Sommer oft überlaufen.

Ausrüstung: Evtl. eine Kleinigkeit zu essen und zu trinken, falls die Uferpause lockt. Stirnlampe, falls man sich im Fotografieren verliert.

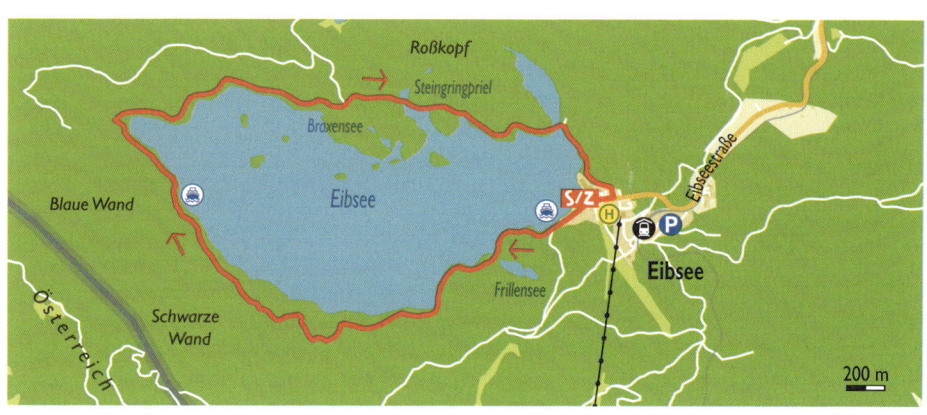

bummelt entlang des Nordufers zurück zum Ausgangspunkt. Oder man bleibt schon bald wieder stehen, nimmt den Blick über den See und bis hinauf auf knapp 3000 Meter in sich auf ... und genießt den Moment.

FAZIT: EINE BESONDERS VERFÜHRERISCHE AUSZEIT IST'S, WENN ALPENSUCHT AUF SEENSUCHT TRIFFT.

HERBST-LAUB SAMMELN

 ... Bergspaziergang in der Jachenau

#11

Sind die leuchtend gelben Blätter die attraktivsten? Oder die, die satt orange in sich zu ruhen scheinen? Oder sucht das Auge am liebsten das Potpourri, in dem ruhig auch das letzte Grün und das erste Braun ihren Platz einfordern dürfen?

Sich einfach ein wenig Zeit nehmen: Wir brauchen gar nicht um die halbe Welt fliegen, um schöne Momente zu erleben, an die wir uns noch lange erinnern werden.

Walchensee zieht, ungewohnt abgelegen. Einer jener Morgen also, an denen man im Schatten durchaus schon etwas fröstelt und man sich umso mehr über jeden wärmenden Sonnenstrahl freut, ist prädestiniert, um das Herunterfallen des leuchtenden Laubs zu beobachten, das jeder noch so kleine Windstoß mit einem leisen Rauschen nach sich zieht. Und die großen und kleinen bunten Blätter scheinen geradezu um die Aufmerksamkeit der Vorbeigehenden zu buhlen. Weshalb man auch bald anfängt, ein paar ganz besonders schöne einzusammeln.

Start des kleinen Bergspaziergangs ist der Parkplatz am Schützenhaus mitten im Dorf Jachenau. Dort ist an einer kleinen Brücke der Weg zum Wasserfall auch schon ausgeschildert: Durch Wiesen und Wald führt er entlang der Großen Laine bergauf. Dabei bleibt er immer gemütlich, denn gerade mal 150 Höhenmeter verteilen sich auf die fünf Kilometer Wegstrecke. Später quert man den Bach und folgt bis zur Lainlalm einer Forst-

Ein Hoch auf die Jahreszeiten! Denn was wäre der Sommer ohne den Winter? Wäre unsere Vorfreude auf lange, heiße Abende am See oder im Park ohne die Erinnerung an kurze, kalte Wintertage genauso groß? Oder andersherum: Würden wir uns über den ersten ausgiebigen Schneefall ebenso freuen, wenn wir nicht zu anderer Zeit unter der Hitze geächzt hätten? Dann noch die wundervollen, viel zu vergänglichen Augenblicke dazwischen: hier die ersten farbenprächtigen Frühjahrsboten, da die fulminante Laubfärbung im Herbst.

Tatsächlich rechtfertigt allein schon die Aussicht auf einen dieser goldenen Tage einen Herbstausflug in die Jachenau. Noch heute wirkt das 15 Kilometer lange Wald- und Wiesental, das sich von Lenggries hinüber zum

Hin & weg: Eine Handvoll Busverbindungen führen aus Lenggries (Bahnanbindung) in die Jachenau. Ansonsten mit dem Auto auch über die Mautstraße vom Walchensee her erreichbar; Parkplatz am Schützenhaus im Dorf Jachenau.

Dauer & Strecke: 3 Std., 9 km.

Beste Zeit: Besonders schön im Herbst, aber auch im Sommer empfehlenswert.

Ausrüstung: Feste Schuhe, etwas zu trinken, ggf. kleine Brotzeit.

Das Geheimnis eines besonders intensiven und langen Herbsttags in der Jachenau? Immer wieder stehenbleiben. Und unbedingt eine kurze oder längere Pause in der Lainlalm einlegen.

straße. Bei trockenem und stabilem Wetter ist mit etwas Glück die Almhütte noch bis weit in den Oktober hinein geöffnet. Doch erst einmal noch zehn Minuten weiter über die Wiese, bis vor einem Steilaufschwung der Wasserfall erreicht ist – ein hübscher Platz zum Picknicken. Oder man lässt sich von der Aussicht auf ein frisches Stück Kuchen schon bald zur Lainlalm zurücklocken.

Tipp: Wer nicht bis zum Herbst mit dieser Eskapade warten mag, sollte unbedingt Badesachen mitnehmen.

FAZIT: EIN ZIEMLICH BESTER SPOT, UM IN DIE WOHLTUENDE RUHE DES HERBSTWALDES ABZUTAUCHEN.

AM KRAFTPLATZ

⋟ ... im Graswangtal zur Ruhe kommen ⋞

#12

*Die einen nennen sie einen »Kraftort«,
die anderen fühlen sich einfach pudelwohl
an der Gertrudiskapelle im Graswangtal,
die der Ausgangpunkt eines wohltuenden
Streifzugs durch die Ammergauer Alpen ist.*

Baudenkmäler in der Wiese: Vis-
à-vis vom stattlichen Forsthaus
Dickelschwaig steht die Kapelle St.
Gertrudis, die Ettaler Mönche 1694
erbauten.

Nein, man braucht nicht unbedingt etwas mit Esoterik am Hut zu haben, um die besondere Stimmung zu spüren, die von dem kleinen Fleckchen Erde ausgeht, auf der die Gertrudiskapelle steht. Es reicht voll und ganz, sich für einen ausgiebigen Moment auf die Landschaft einzulassen. Alles andere kommt – möglicherweise – von selbst.

Schlendert man an einem Herbstmorgen von der Bushaltestelle in Graswang die Viertelstunde auf dem stillen Wiesenweg gen Sonne, fällt der Blick bald unweigerlich auf die bezaubernde Kapelle, die eingerahmt von Kastanien, Linden und Ahorn neben dem stattlichen Forsthaus Dickelschwaig mitten auf der Wiese steht. Trotz seiner geringen Größe wirkt der sechseckige barocke Bau mit seiner hölzernen Zwiebelhaube mächtig und ... nun ja: kraftgeladen. Genauso wie die Bäume ringsum.

Die Gertrudiskapelle gilt als Kraftort. Als Platz, von dem eine besondere psychische Wirkung ausgeht, als Platz, der beruhigt und stärkt. Nach esoterischer Vorstellung liegt

Die Schatten werden länger, die Nächte wieder kalt und die Tage scheinen bisweilen wie verzaubert. Guten Morgen, Herbst!

das an der besonderen Erdstrahlung, die sich hier findet. Doch auch ohne esoterisch bewandert zu sein, kann man den Platz bei den Bäumen einfach als subjektiv erholsam und erbauend wahrnehmen. Jedenfalls ist es gut möglich, dass ein Wohlgefühl entsteht, das einen noch einen Moment und noch einen bei der Kapelle verweilen und dem herbstmilden Schattenspiel auf den Holzschindeln der Kuppel zuschauen lässt.

Derart gestärkt lässt sich nun auf einen der lohnenswerten und auch über die Jahre erstaunlich ruhigen Ammergauer Gipfel steigen. Oder einfach entspannt talauswärts spazieren, vorbei an einem weiteren Kraftort, den Ammerquellen. Dazu geht es zurück nach

Graswang und unterhalb des Waldes auf dem als Meditationsweg ausgeschilderten Weg nach Oberammergau. Der Weg führt bald ins Weidmoos und damit in das Quellgebiet der Kleinen Ammer. Aus etwa 30 kleineren und größeren Quelltöpfen wird das Grundwasser aus dem Boden gedrückt, was sich als

---

Hin & weg: Regelmäßige Busverbindung von Oberammergau (Bahnhof) nach Graswang. Zurück ggf. ab Haltestelle Ettaler Mühle. Mit dem Auto bis zum ausgeschilderten Parkplatz Schattenwald in Graswang.

Dauer & Strecke: Reine Gehzeit 2–3 Std., ca. 8 km.

Beste Zeit: Wunderschön im Herbst.

Ausrüstung: Bequeme Schuhe, eine Flasche Wasser nicht vergessen.

Noch mal aus dem Vollen schöpfen, bevor die Kälte kommt und der erste Schnee alles überzuckert: Farb- und Lichtspiele im Graswangtal.

durchaus geräuschvolles Blubbern wahrnehmen lässt.

Falls man, was nicht erstaunlich wäre, über das Schauen, Naturgenießen und Kraftsammeln die Zeit vergessen hat, ließe sich der Weg nun etwas abkürzen und der Bus an der Ettaler Mühle erreichen. Ansonsten hält man sich an den Fußweg neben der kleinen Armeseelenstraße, die durch das Weidmoos nach Oberammergau führt.

FAZIT: MEDITATIVES FLACHLANDWANDERN UND KRAFTSAMMELN VOR BEEINDRUCKENDER GIPFELKULISSE.

RUINENLUST

... im Litzldorfer Bergwald

#13

Spaziert man aus Litzldorf ein paar Minuten bergan, geht es alsbald auf eine kleine Zeitreise in die Geschichte von Bayerns Industrialisierung. Denn am Fuße des Sulzbergs ragen zwischen mächtigen Buchen die Schornsteine eines verlassenen Zementwerks in die Höhe.

Das Zementwerk hat schon bessere Zeiten gesehen –
was jedoch kein Grund zum Trübsalblasen sein braucht.

Kaskade bauten sie eine Zementmühle mit Brennofen, die 1890 ein Konsortium aufkaufte. Vier Jahre später ging ein Zement- und Mühlwerk in Betrieb, doch nur für wenige Jahre.

Schnell erwies sich der als eigentlich lukrativ eingeschätzte Standort im Wald als wenig wirtschaftlich. Zwar konnte der Kalkmergel vor Ort abgebaut werden, doch der zum Befeuern verwendete Koks musste vom Raublinger Bahnhof aufwendig mit schweren Pferdefuhrwerken bis an den Berg herangefahren werden. Zahlungsengpässe entstanden, Arbeiter wurden entlassen. Als dann noch 1898 ein zerstörerisches Feuer ausbrach, war das Ende des Zementwerks besiegelt.

In Momenten wie diesem im Litzldorfer Bergwald wird einem bewusst, wie vergleichsweise wenig frühindustrielle Relikte hierzulande zu finden sind.

Dass Bayern traditionell anders ist, ist hinlänglich bekannt. Dass Bayern historisch sehr landwirtschaftlich geprägt war, übersehen wir jedoch allzu oft. Rohstoffe wie im Westen Deutschlands waren kaum vorhanden und erst mit dem Ausbau der Eisenbahn ab Mitte des 19. Jahrhunderts holte Bayern in Sachen Industrialisierung auf.

Doch nicht alle Unternehmungen florierten gleichermaßen. Bei Litzldorf hatten zwei Bauern in dem Wasserfall am Litzldorfer Bach Steine gefunden, die sich zur Zementherstellung eigneten. Etwas unterhalb der kleinen

Abgesehen von einem erneuten Brennversuch nach dem Zweiten Weltkrieg passierte über viele Jahrzehnte nichts auf dem Gelände. Es wucherte zu, die Natur holte sich zurück, was ihr die Industrialisierung abgerungen hatte. 1976 dann stellte man das historische Zementwerk unter Denkmalschutz, Anfang der 1990er-Jahre wurde der Brennofen mit seinen zwei Backsteinschloten restauriert. Die Überreste der übrigen Werksanlagen derweil sind kaum mehr als Ruinen: Mauerreste, moosbewachsen und efeuumrankt. Hier ein Fenster- oder Türbogen, dort ein Keller, Pläne vom Werk sind heute bloß bruchstückhaft vorhanden, viele Details nur vage bekannt. Vielleicht ist gerade das ein Grund, warum ein Waldspaziergang zum Zementwerks auf seine ganz eigene Art geheimnisvoll wirkt.

Tipp: Wenn's ein bisschen ausgiebiger sein soll: Dieser Ausflug in die Vergangenheit lässt

Wohin des Wegs? Vom Parkplatz in Litzldorf bis zum alten Zementwerk sind es nur ein paar Schritte.

sich hübsch verlängern, beispielsweise am und im Wald über den Wilhelm-Leibl-Weg nach Kutterling und zurück durch die Wiesen nach Litzldorf.

FAZIT: PASSENDE STIMMUNGEN – DIE RUHE DIESES VERLASSENEN ORTES LÄSST SICH AM BESTEN IM HERBST ERSPÜREN.

Hin & weg: Am besten mit dem Auto nach Litzldorf, Parkplatz an der Kirche.

Dauer & Strecke: Etwa 1,5 Std. Zeit nehmen, um alles zu erkunden; Rundweg 2 km.

Beste Zeit: Ganzjährig.

Ausrüstung: Einfach hingehen.

VON WEGEN NEBELMEER!

>﹥ ... Sonne suchen am Königssee ﹤﹤

#14

Ein Spaziergang zum Malerwinkel darf getrost als Mittel der Wahl bei aufkommendem Winterblues gelten. Risiken gibt es keine. Nebenwirkungen: höchstens und im besten Fall die Lust auf längere Wintereskapaden.

schen steilen Felswänden und Wäldern. Der Spaziergang führt von der Bushaltestelle am Königssee durch die kleine Fußgängerzone hinunter zum See. Erster Blickfang sind die Bootshäuser aus wettergegerbtem Holz, in denen die Elektroboote der Königsseer Werft gebaut und gepflegt werden. Um einen besonders fotogenen Winkel auf das Ensemble zu erhaschen, empfiehlt sich ein Abstecher nach rechts und über die Holzbrücke der Königsseer Ache und zum Echostüberl (www.echostueberl.de). Oder es geht direkt links und hinter den Bootshäusern entlang zum Malerwinkel, was kaum mehr als 20 Minuten dauert. Massen braucht man am Malerwinkel nicht fürchten. Allein ist man indes auch selten, denn dieser phänomenale Aussichtspunkt begeistert heute genauso wie vor 200 Jahren, als die ersten Landschaftsmaler diesen Platz für sich entdeckten, den Blick auf Leinwand bannten und so in vielfachen Kopien in die bürgerlichen Stuben der Städter brachten.

Jetzt also am Originalort: den Nebel lichten sehen. Sich einfach ein wenig dem Ausblick hingeben, eines der Elektroboote auf seinem leisen Weg über den See beobachten ... und mit etwas Glück die Nasenspitze von der Wintersonne gekitzelt bekommen. Was in diesen Momenten mitunter schwer vorstellbar ist: Alle Jubeljahre friert der Königssee so stark zu, dass er zum Begehen freigegeben wird. Statt mit dem Boot geht es dann zu Fuß oder auf Langlaufski hinüber zur Wallfahrtskirche St. Bartholomä.

Wer mag, folgt einem kurzen Stichweg, der noch ein kleines Stückchen weiter leicht abwärts zum Wasser führt, bis zu einigen Bänken. Hier öffnet sich der Blick auf den etwa acht Kilometer langen See, an dessen

Ja, entlang der bayerischen Berge und bis weit in die Ebene hat der Winter durchaus seine Tücken: Da sind diese kurzen, kalten Tage. Kommt dann noch eine Inversionswetterlage ins Spiel, schafft es zu allem Überfluss nicht mal mehr die Sonne durch die Wolken und Nebelbänke. Sich in dieser Situation einfach die Decke über den Kopf zu ziehen und alles auf dem Sofa auszuliegen wäre aber die ungeschickteste aller Möglichkeiten. Vielmehr heißt es rausgehen, die eisige Winterluft einatmen und ... die Sonne suchen. Streng genommen gilt an solchen Tagen: je höher, desto besser. Hinauf auf einen Gipfel und die ganze Suppe unter sich lassen. Aber auch ein kurzer Spaziergang auf 600 Metern Höhe kann erfolgsgekrönt sein. So hoch liegt nämlich der Königssee, schmal, lang und fjordartig eingebettet zwi-

![Zwei Fotos: links der Königssee mit Nebel über dem Wasser, rechts ein verschneiter Waldweg mit Wanderer.]

Magisches Glücksspiel: Schafft es die Sonne durch den Nebel, lässt sich bald das Steinerne Meer samt Schönfeld-spitze mehr als nur erahnen – und auch die dicke Jacke ablegen.

Ende die Röthwand und dahinter die Pyrami-de der Schönfeldspitze auftauchen. Oder am Malerwinkel den Weg ein paar Meter bergauf nehmen, um in einem Bogen durch den Wald zurück zum Ausgangspunkt zu gelangen.

> **FAZIT: UNERHÖRT, DIESER BLICK! VOLLE PUNKTZAHL FÜR DIE LANDSCHAFT.**

Hin & weg: Mit Bus oder Auto bis zum Parkplatz Königssee fahren.

Dauer & Strecke: Kurze 1,5 bis gemütliche 2 Std., knapp 6 km.

Beste Zeit: Ganzjährig; der Weg ist im Winter geräumt und gestreut.

Ausrüstung Griffige Winterschuhe.

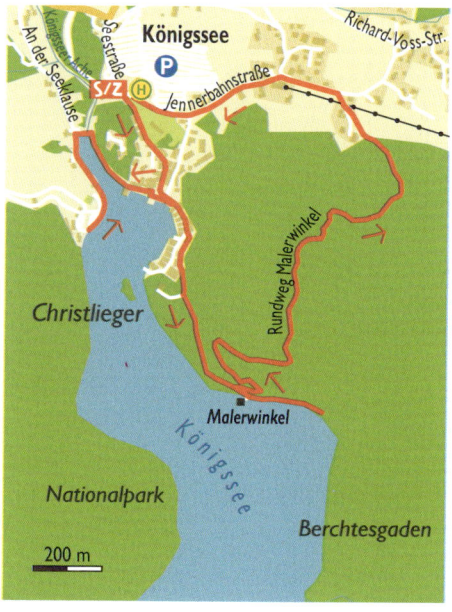

EISKALT ERWISCHT

≥ ... Winterstunden am Frillensee ≤

Wenn der Ostwind aus Sibirien trockene und eiskalte Luft bis in den Chiemgau bläst, ist einer der wohl passendsten Momente, um zum Frillensee zu spazieren. Denn der Glazialsee, der sich vor einer steil abfallenden Bergwand im Wald versteckt hält, gilt als kältester See Mitteleuropas.

Winterliche Devise: Hauptsache, dick eingepackt! Im Unterstand am Frillensee-Südufer schmeckt ein heißer Tee besonders gut.

Auch früh im Winter gehen am Frillensee gern mal große Schneemengen nieder.

»Ära Frillensee« nach wenigen Wettkampfjahren auch schon wieder ein Ende zu bereiten. Denn mit der Kälte fiel und fällt allzu oft besonders viel Schnee über dem vereisten Wasser. Seither genießen das versteckte und geschützte Naturidyll im Winter insbesondere all jene, die bei dem Gedanken an einen Spaziergang im pulvrigen Winterweiß glänzende Augen bekommen.

Auch wer ansonsten nicht gleich jedem Superlativ aufsitzt, wird an dieser Stelle zumindest einmal interessiert nachfragen. Der kälteste See? Nicht nur Deutschlands, sondern ganz Mitteleuropas? Heißt es bei beim Thema Wettersuperlative nicht immer, der Funtensee, ein paar Bergzüge weiter südlich im Nationalpark Berchtesgaden beanspruche diesen Titel für sich? Nach einigem Lesen und Fragen ist klar: Tatsächlich wurden die Kälterekorde für Deutschland am Funtensee nahe dem Kärlinger Haus gemessen. Am Frillensee sind die Temperaturen im Mittel jedoch niedriger und das Eis trägt oft schon Mitte November.

Diese eisig-harschen Bedingungen waren 1959 dabei ausschlaggebend, den Frillensee als Trainings- und Wettkampfzentrum für den Eissport zu erschließen – und um 1963 der

Die Wanderung startet am Parkplatz unterhalb des Forsthauses Adlgaß und führt über den als »Frillensee-Runde« ausgeschilderten Pfad zunächst ein kurzes Stück die Forststraße hinauf, bevor es auf einem Wanderweg entlang des Frillenseebachs weitergeht. Verschiedene Stationen des Bergwald-Erlebnispfades erzählen davon, dass die Strecke – vor allem für Familien – auch im Sommer abwechslungsreich ist. Nach gut einer Stunde trifft der Wanderpfad wieder auf einen breiteren Forstweg, der um den Frillensee führt und sich auf der anderen Seite durch den Winterwald und zum Schluss neben der Rodelbahn zurück zum Forsthaus Adlgaß hinun-

Hin & weg: Von Inzell mit dem Auto bis zum Ende der Adlgaßer Straße, wo sich unterhalb des Forsthauses ein Parkplatz befindet.

Dauer & Strecke: 1¾ Std., im Winter aber ruhig mehr Zeit einplanen; ca. 6 km.

Beste Zeit: Januar/Februar nach einem kräftigen Schneefall. Ansonsten ganzjährig.

Ausrüstung: Feste Winterwanderstiefel und warme Klamotten. Heißer Pausentee.

terschlängelt. Der Frillenseerundweg ist mit 1¾ Stunden ausgeschildert. Bei winterlichen Bedingungen inklusive einer ausgiebigen Pause in der offenen Unterstandshütte am Südufer aber besser gemütliche drei Stunden einplanen. Im Idealfall auch noch ausreichend Zeit für das Forsthaus mitbringen, wo das Team nach Slow-Food-Manier auftischt.

Tipp: Ursprünglich war der Frillensee etwa 800 Meter lang. Heute sind es nur noch 340 Meter, denn von Norden her verlandet er, und so entstand das sensible Frillenseemoor mit Feuchtwiesen, Übergangsmooren, Hochmooren und Moorwald. Nördlich des Sees führt ein schmaler Bohlenweg durch das Moor. Dort ergeben sich besonders reizvolle Ausblicke über die fragile Landschaft.

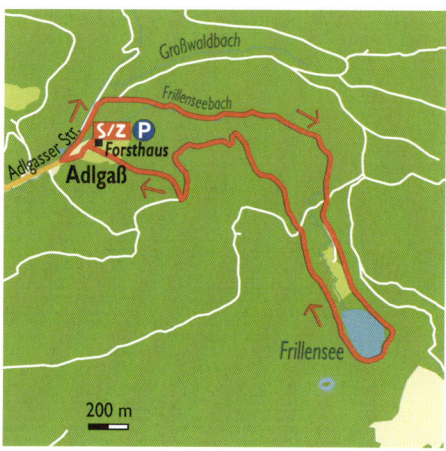

FAZIT: VON KOPF BIS FUß AUF WINTER EINGESTELLT? DANN IST DER BESUCH DES FRILLENSEES AN EINEM BESONDERS KNACKIG-KALTEN TAG QUASI EIN MUSS!

VUI GFUI

... Adventswanderung in Berchtesgaden

#16 *Jegliche vorweihnachtliche Hektik hinter sich zu lassen ist viel leichter als gemeinhin angenommen. Man gehe nur mal für eine kleine Adventsauszeit auf den Emmausweg mit seinen 75 bunten, nostalgischen Holzlaternen.*

Abenddämmerung im vorweih-
nachtlichen Berchtesgaden.

Die Auszeit auf dem Emmausweg als »Wanderung« zu bezeichnen, ist genau genommen
eine reichliche Übertreibung. Denn viel mehr
als eine Stunde braucht man für den kleinen
Rundweg durch und um Berchtesgaden selbst
bei Schnee kaum. Dennoch: Sich Zeit nehmen, genau darin besteht das wohl größte
Geheimnis gelungener Auszeiten. Und seien
sie noch so kurz.

Sich Zeit nehmen also, um in das leichte Fla-
ckern einer Laterne zu schauen, die in der

anbrechenden Abenddämmerung aufleuch-
tet. Eine Laterne allein ist schon hübsch, den
Berchtesgadener Emmausweg schmücken
derweil 75 handgefertigte Holzlaternen. Die
roten und grünen, die blauen, gelben und
orangenen Laternen sind vor allem da ein
Hingucker, wo der Emmausweg über den Dä-
chern von Berchtesgaden verläuft: am Kirch-
leitweg, der im kurzen Zickzack hinauf zur
Kirchleitnkapelle am Weinfeld führt, und auf
dem Soleleitungsweg. Im Vordergrund also
das schummrige Laternenlicht und unten im

Talboden der Ort, der sich ebenfalls mit Bedacht die warm leuchtende Abendrobe anlegt.

Die übergroßen Laternen sind der hiesigen Handwerkskunst nachempfunden, die es auch heute noch als »Berchtesgadener War« auf dem Christkindlmarkt auf dem Schlossplatz zu kaufen gibt. Ganz ursprünglich als Kinderspielzeug gedacht, schmücken die Holzminiaturen – neben den Laternen sind das zum Beispiel auch Arbeits- und Haushaltsgeräte oder Teile der Puppenstube – inzwischen traditionell viele Weihnachtsbäume in der Region.

Der Einstieg in den Emmausweg ist überall möglich. Eine empfehlenswerte Variante beginnt in der Ortsmitte am AlpenCongress und endet direkt auf dem stimmungsvollen Weihnachtsmarkt im historischen Zentrum von Berchtesgaden zwischen altehrwürdigen Bürgerhäusern, der gotisch-barocken Stiftskirche und dem Königlichen Schloss. Die Laternen hängen ab der Adventszeit bis zum 6. Januar.

Tipp: Einen besonders guten Outdoor-Blick auf Berchtesgaden bekommt man, wenn man von der Kirchleitnkapelle noch ein paar Meter weiter auf den Lockstein geht. Dort findet vom 17. Dezember bis Heiligabend auch das traditionelle Weihnachtsschießen statt. Immer um 15 Uhr wird es dabei kurz mal richtig laut im Talkessel. Indoor lässt sich dem Treiben im Ortszentrum bestens vom Café Forstner (www.cafe-forstner.de) aus zusehen – und dabei wieder aufwärmen, bevor man noch ein wenig weiter durch das vorweihnachtliche Berchtesgaden bummelt.

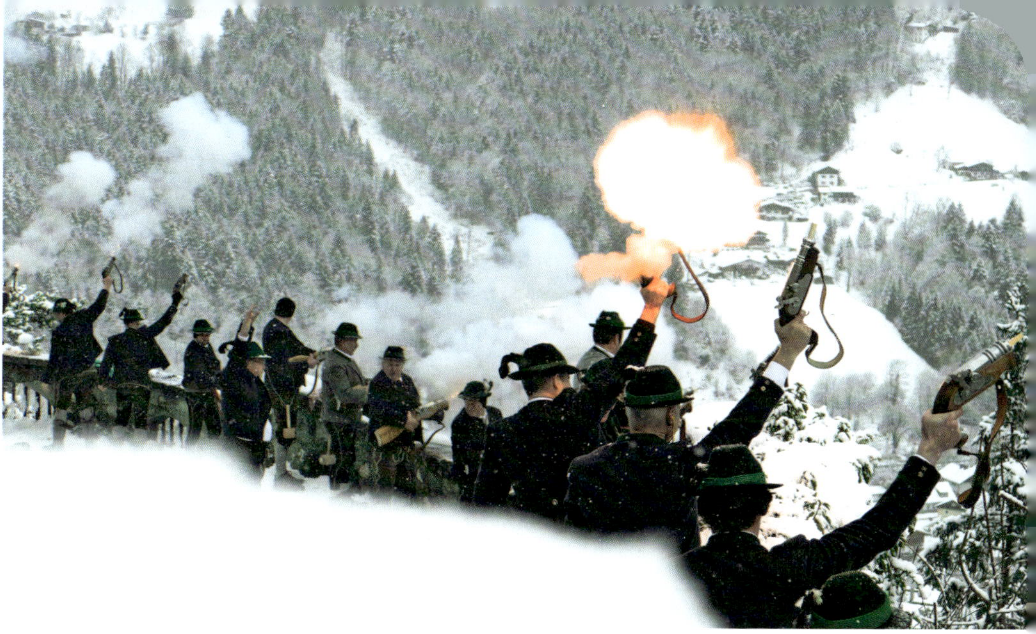

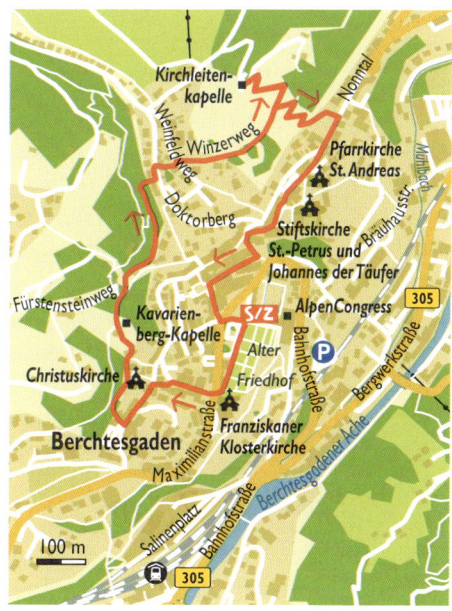

Besonders heimelig mit Laternen geschmückt ist der Soleleitungsweg (links). Am Lockstein findet derweil das traditionelle Weihnachtsschießen statt.

FAZIT: SICH ZEIT NEHMEN UND GENIEßEN. WOHL DAS, WAS WIR EIGENTLICH IMMER MEINEN MIT RICHTIG »RUHIGER (VOR-) WEIHNACHTSZEIT«.

Hin & weg: Bahn bis Berchtesgaden. Die Tour startet und endet am Bahnhof.

Dauer & Strecke: Reine Gehzeit auf dem Emmausweg etwa 1 Std., 3 km.

Beste Zeit: Grundsätzlich ganzjährig. Mit ganz »vui Gfui« im Advent.

Ausrüstung: Warme, rutschfeste Winterschuhe.

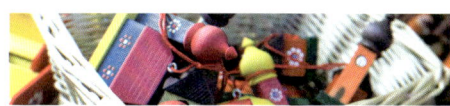

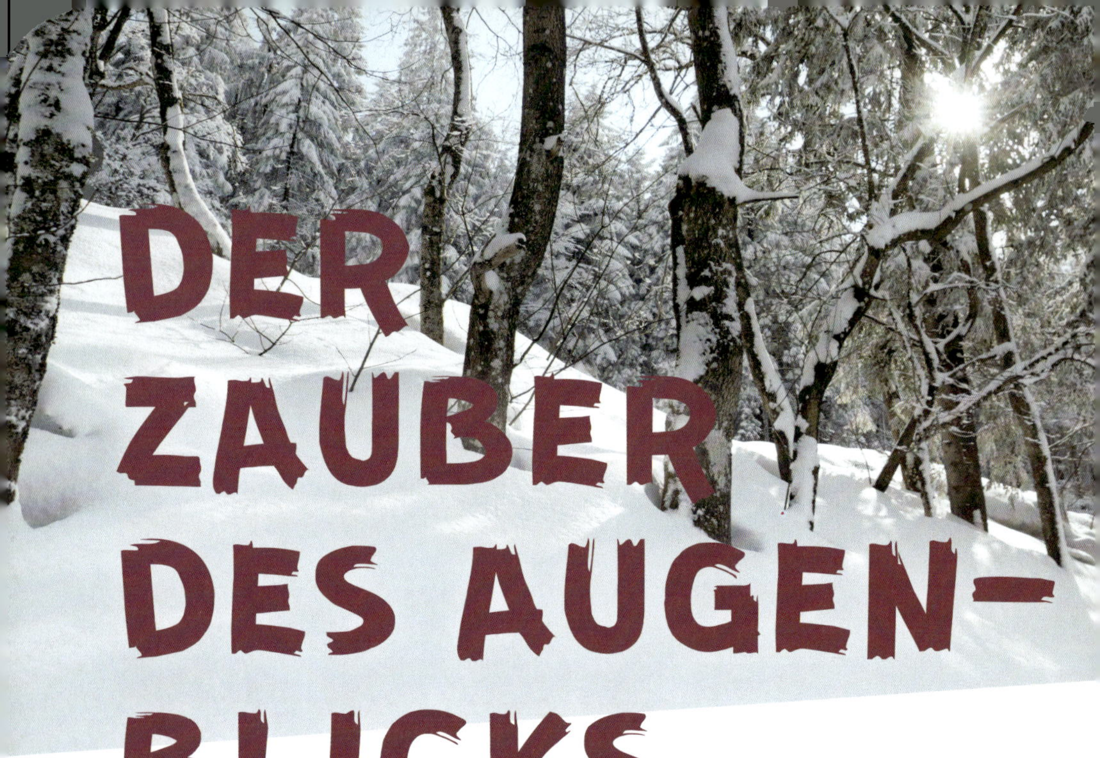

DER ZAUBER DES AUGEN-BLICKS

… Seifenblasen am Spitzingsee

#17

Die kürzeste Winterwanderung – kaum mehr als ein längerer Spaziergang – ist mitunter gerade perfekt, um sich ausgiebig kleinen Spielereien und großartigen Nebensächlichkeiten hinzugeben. Wie Seifenbleiben beim Gefrieren zuschauen.

#Winterglück #Schnee #Seifenblasen #Sonnenschein

Dazu braucht es Geduld. Mit etwas Glück halten gefrierende Seifenblasen minutenlang, sonst oft zerplatzen sie, schwuppdiwupp.

Was passiert, wenn eine Seifenblase auf klirrend kalte Luft trifft? Eiskristall reiht sich an Eiskristall und überzieht allmählich die gesamte Oberfläche. Eine mehr oder minder milchige Kugel mit filigranem Muster entsteht, das mal an große Blätter, mal an einen Patchworkteppich aus Eissechsecken erinnert. Eine vergängliche Schönheit, die den Zauber eines einzelnen Augenblicks heraufbeschwört.

Um diesem Zauber zu erliegen, scheint die Kessellage der nahezu hochalpinen Bergkulisse rund um den Spitzingsee wie gemacht. An manchen Wintertagen fällt hier so viel Schnee, dass der Himmel kaum zu sehen ist. So viel, dass die Dächer der alten Hütten irgendwann zu ächzen beginnen. Der

See selbst, auf 1100 Metern gelegen, ist dann nur noch als eine glatte, verschneite Fläche zu erkennen.

Genau dieses Schneeversprechen und die sehr gute Zugverbindung von München machen den Spitzingsee seit jeher zu einem beliebten Ausflugsziel. 1888 zog der Schlierseer Buchhändler August Finsterlin mit Ski aus Finnland die ersten Spuren in den umliegenden Hängen, Anfang des 20. Jahrhunderts folgten an Feiertagen bereits mehrere Tausend Skifahrer dem Ruf des Schnees. Auch heute kann man an perfekten Wintertagen schon mal ins Grübeln kommen, wenn man die vollen Parkplätze am Spitzingsattel, an der Stümpflingbahn oder an der Taubensteinbahn

überblickt. Alpinskifahrer und Rodler, Skitouren- und Schneeschuhgänger starten von hier.

Ruhiger präsentiert sich oft die Südseite des Sees, dort, wo der Schlagbaum den Weg in die Valepp versperrt und es nur zu Fuß ein Weiterkommen gibt. An der Albert-Link-Hütte, den Valepper-Alpen-Loipen und der durchs Tal mäandernden Roten Valepp vorbei geht es in einer knappen Stunde gemütlich zum Blecksteinhaus (www.blecksteinhaus.com).

Um diesen kurzen Weg für einige Seifenblasenexperimente zu nutzen, sollte es windstill sein: die Seifenblase auf dem Schnee platzieren, auf ein Blatt setzen oder an einen langen Grashalm hängen. Sodann schauen, was passiert. Meist beginnt die Seifenblase dort zu gefrieren, wo sie den Oberflächenkontakt hat, manchmal zeigen sich die ersten Kristalle aber auch an ganz anderer Stelle. Der Seifenblase beim Gefrieren zuzusehen, hat durchaus etwas Meditatives – in jedem Fall aber etwas Unberechenbares. Denn mal überdauert die gefrierende Kugel nur ein paar Sekunden, dann wiederum kann sie viele Minuten in Reglosigkeit erstarren.

Hin & weg: Bahn bis Fischhausen-Neuhaus, von dort mit dem Bus nach Spitzingsee. Parkplätze sind am Spitzingsee ausgeschildert.

Dauer & Strecke: Eine knappe Stunde zum Blecksteinhaus, Rückweg entlang der Loipe etwas länger. Knapp 5 km.

Beste Zeit: Bei Minusgraden (idealerweise mindestens minus 5 Grad) und Schnee.

Ausrüstung: Warm einpacken! Und Pustefix nicht vergessen.

Der Spitzingsee ist seit jeher ein beliebtes Ausflugsziel und allein schon der Kaiserschmarrn rechtfertigt den Fußweg zum Blecksteinhaus.

Ist man auch selbst durchfroren – und das geht schnell, spätestens wenn man versucht, die Seifenblasen noch zu fotografieren – kommt eine Einkehr im Blecksteinhaus gerade recht. Zurück zum Spitzingsee entweder den eigenen Spuren folgen oder entlang des Bockerlbahnwegs über den kombinierten Loipen- und Winterwanderweg.

Tipp: Um die Seifenblasen stabiler zu machen, eventuell die Seifenblasenlösung mit etwas Zucker oder Maissirup versetzen.

> FAZIT: NUR KEINE SCHEU VORM STAUNEN! SEIFENBLASEN BEIM GEFRIEREN ZUZU- SCHAUEN IST EIN WIRKLICH GROBARTI- GES WINTERVERGNÜGEN.

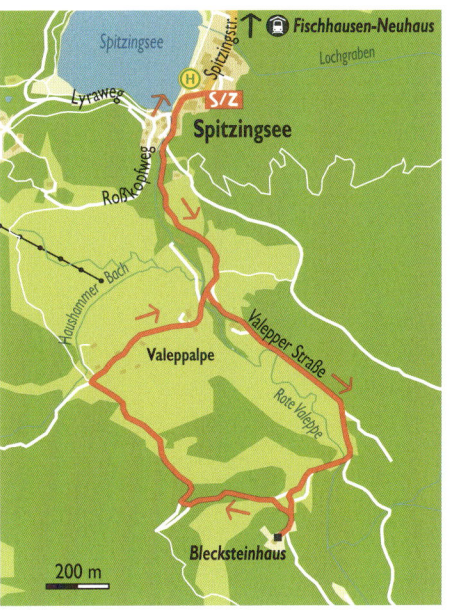

IN DEN WINTER-WALD LAUSCHEN

 … an der Wieskirche

 **#18**

Auf der Suche nach einem stillen Auszeit-Ziel ließe sich nur allzu leicht abwinken, wenn das Gespräch im nächsten Atemzug auf eine bekannte und in den Sommermonaten bestens besuchte Kirche kommt. Doch warum eigentlich nicht den Versuch an einem Wintertag wagen?

Prachtvolles Rokokojuwel inmitten von Wiesen und Mooren. Seit 1983 gehört die Wies zum Weltkulturerbe.

und bedeutet die »Ecke der Mönche«. Er kommt nicht von ungefähr, denn in kaum einer anderen Ecke Deutschlands stehen so viele Klöster und Kirchen.

Vom großen Parkplatz, an dem auch die Linienbusse halten, sind es nur einige wenige Schritte bis zur Wies. Kurz hineinzugehen ist eigentlich ein Muss, selbst wenn man das oberbayerische Juwel schon von früheren Besuchen kennt. Der Bau der lichtdurchfluteten und verschwenderisch ausgestatteten Kirche in der Nähe von Steingaden geht auf eine Wallfahrt zurück. Diese fand erstmals 1739 statt, nachdem im Jahr zuvor die Wiesbäuerin Maria Lory Tränen in den Augen einer Heilandsfigur entdeckt hatte, die aus dem Prämonstratenserkloster Steingaden stammte. Auf Umwegen war die kleine Skulptur »auf die Wies« gekommen, einem Ort mitten in der Einöde zwischen Sümpfen und Mooren.

Ein guter Moment für eine Auszeit an der Wieskirche wäre zum Beispiel im Januar, Februar, wenn es ordentlich Minusgrade hat. Und wenn man ganz nebenbei noch in den Winterwald lauschen kann. Denn wie klingt eigentlich ein Winterwald? Hört man da wirklich nichts außer der sprichwörtlichen Stille, die sich über die Wipfel und das Unterholz legt? Oder knistert und knackt es nicht vielmehr schon wieder – so, wie es eben nur Anfang des Jahres im winterlichen Wald knistert und knackt, wo sich, angestoßen vom leichten Wind, manch Baum wiegt und leise vor sich hin knarzt - in einem Licht, das schon früh im Jahr wieder neues Leben verspricht.

Der etwa zweistündige Spaziergang startet direkt an der Wieskirche – im oberbayerischen Pfaffenwinkel. Der Name ist aus dem Lateinischen Anguli Monachorum abgeleitet

Am Fuße der Alpen gilt die kleine Kirche mit ihrer beeindruckenden Pracht heute als eines der vollendetsten Kunstwerke des bayerischen Rokoko und als eine der berühmtesten Rokokokirchen überhaupt. Seit 1983 genießt sie als Weltkulturerbe den Schutz der Unesco und zieht inzwischen mehr als eine Million Besucher pro Jahr an. Im Winter ist vom Welterbe-Trubel allerdings nur wenig zu erahnen. Um nach der Kirchenvisite den Winterspaziergang anzuschließen, nimmt man den Fußweg,

Hin & weg: Mehrmals täglich per Bus vom/zum Bahnhof Füssen sowie alternativ Richtung Garmisch-Partenkirchen. Oder Parkplatz Wies (Steingaden).

Dauer & Strecke: 2 Std., 7 km.

Beste Zeit: Ganzjährig, besonders ruhig im Winter.

Ausrüstung: Winterwanderklamotten, je nach Schneelage ggf. Stöcke (und vielleicht Schneeschuhe).

der nach Südwesten zu einer kleinen Straße führt. Ein paar Meter entlang der Straße und dann des Wegs geradeaus ins Feld, später in den Wald hinein. Dieser Weg führt um das Naturschutzgebiet Kläpperfilz an eisigen Waldsenken und haubenbedeckten Baumstümpfen vorbei sowie unter schneegezuckerten Fichten hindurch, um bald zwischen Wiesen einen großen Bogen nach Osten zum Gut Schildschwaig zu beschreiben. Dort ein wenig der kleinen Straße und der Ausschilderung zurück »auf die Wies« folgen.

Entschleunigt abschließen lässt sich der Winterspaziergang im Gasthof Schweiger vis-à-vis der Kirche mit einem gerade frisch ausgebackenen Wieskücherl, und auch sonst ist das Essen zu empfehlen. Einziger Wermutstropfen: Der Gasthof ist regulär nur tagsüber geöffnet (www.gasthof-schweiger-wieskirche.de).

FAZIT: EIN WINTERLICHER WALDSPAZIERGANG, DER GANZ NEBENBEI STILLE WIESMOMENTE VERSPRICHT.

SINNLICH SCHLITTELN

 ... an der Buchel Alpe

 **#19** Als eines der kurzweiligsten Wintervergnü-
gen darf eine kleine Rodelpartie gelten.
So richtig rund wird die, wenn nach dem
Raufstapfen auf den Berg erst mal eine
ausgiebige Pause in einer gemütlichen
Gaststube drin ist. Oder noch besser: auf
der Sonnenterrasse.

Eine hübsche Rodelstrecke, eine bewirtschaftete Alpe und ein Panorama, das einfach sprachlos macht: gleich drei gute Gründe, um am Parkplatz Obergschwend nach dem Wegweiser zur Buchel Alpe Ausschau zu halten. Nur etwa 45 Minuten und 200 Höhenmeter sind es bergauf. Zwei Kilometer folgt man der beliebten Rodelstrecke zunächst in einigen Kehren durch den Wald, dann recht geradlinig und zum Schluss in einem großen Wiesenbogen zur Alpe. Die Buchel Alpe ist rund ums Jahr ein beliebtes Ziel. Im Winter ziehen Skitourengänger und Schneeschuhwanderer auf ihrem Weg zum Wertacher Hörnle an ihr vorbei – nur um auf dem Rückweg einzukehren, denn auf der Alpe hat man sich dem ehrlichen Alpgenuss verschrieben und alles, was aufgetischt wird, kommt entweder direkt von hier oder aus den umliegenden Tälern: der

hausgemachte Hefezopf mit Butter oder der köstliche Kuchen aus dem Holzofen. Brot aus Unterjoch, Bier aus Rettenberg ...

So empfehlenswert auch der weitere Aufstieg zum etwa 90 Minuten entfernten Wertacher Hörnle ist – mit einem Schlitten im Schlepptau dürfen es stattdessen lieber ein, zwei entspannte Stündchen auf der Alpe sein. Ist es warm genug zum Draußensitzen, bleibt es bei all den kulinarischen Köstlichkeiten dann auch nicht aus, dass man in der Wintersonne einen Moment entschlummert – auf einer der Sonnenliegen oder an die aufgeheizte Hüttenwand gelehnt. Dann noch ein wenig in das grandiose Alpenpanorama schauen, bevor es auf dem Schlitten ins Tal geht. Das erste Stück entweder im Schuss über die Wiese – sehr beliebt bei Kindern – oder direkt dem Aufstiegs-

Der Panoramaplatz ist bei Winterspaziergängern, Rodlern und Tourengehern gleichermaßen beliebt.

weg folgend. Die Strecke ist recht harmlos, nur auf etwa halber Höhe nimmt man schon mal ganz schön Fahrt auf. Und das überhaupt Allerbeste: Auf der Buchel Alpe geht das Schlittenfahren oft noch, wenn weiter unten im Tal schon längst wieder Frühling ist.

Tipp: Wer keinen eigenen Schlitten hat, findet in Oberjoch Leihmöglichkeiten.

Hin & weg: Bus von Sonthofen nach Unterjoch/Obergschwend. Oder mit dem Auto bis zum Parkplatz Obergschwend.

Dauer & Strecke: 45 Min. bergauf, 2 km.

Beste Zeit: Januar, Februar, oft weit in den März hinein.

Ausrüstung: Schlitten mitbringen! Auf der Alpe selbst ist kein Verleih.

FAZIT: EINE KLEINE AUSZEIT MIT GROSSEM RODELVERGNÜGEN!

DEN WINTER AUSTREIBEN

... beim Funkenfeuer in Fischen

#20

Das Ende des Winters? Ist ganz nah, wenn eines Abends im Allgäu vielerorts große Holzhaufen lodern und dabei die Feuerfunken kunstvoll und nahezu hypnotisierend gen Nachthimmel tänzeln. Ein ruhiger Bergmoment.

Ganz oben aufs Funkenfeuer kommt die Funkenhex – die sollte ordentlich brennen, damit das mit dem Ende des Winters auch wirklich klargeht.

Wenn man das, was die Allgäuer Anfang Februar machen, unerwartet und zum ersten Mal sieht, mag es Fragen aufwerfen. Denn in den Dörfern werden dann große Holzhaufen aufgestellt für die sogenannten Funkenfeuer. Und mit denen, so die überlieferte Lesart im Allgäu, wird der Winter ausgetrieben. Das große Lodern findet am Sonntag nach Aschermittwoch auf den Wiesen und Anhöhen vieler Gemeinden statt. Heute wie damals.

Das Funkenfeuer, häufig einfach kurz »Funken« genannt, ist ein alter schwäbisch-alemannischer Brauch mit wohl heidnischen Wurzeln. Dazu wird ein Holzhaufen mit viel Augenmaß aufgeschichtet, zuoberst kommt eine Strohpuppe, die Funkenhex, die den

Winter symbolisiert. Am Funkensonntag versammeln sich bei Einbruch der Dämmerung die Dorfbewohner, zünden ihren Funken an – und vertreiben so den Winter.

Noch immer ist das Funkenfeuer ein eher ruhiger Moment. Man steht beisammen, unterhält sich ein wenig, trinkt einen Glühwein oder probiert ein Funkakiachla, also ein Funkenküchle, oder Ausgzogene – ein im Fett ausgebackenes und am besten gscheid mit Puderzucker bestreutes Schmalzgebäck.

Seinen Höhepunkt erreicht das Funkenfeuer in dem Moment, wenn die Strohpuppe brennt. Das geschieht oft schon nach wenigen Minuten. Als schlechtes Omen hingegen gilt, wenn die Funkenhex nicht verbrennt oder durch falsches Schichten des Holzes der Holzturm umkippt, bevor das Feuer die Spitze samt Hexe erreicht hat. In manchen Gemeinden wie in Fischen wird die Funkenhex traditionell mit Schießpulver befüllt. Wenn die Flammen dann richtig hochschlagen und sie spektakulär explodiert, verheißt das Glück, so der überlieferte (Aber-)Glaube.

Traditionell immer am Sonntag nach Aschermittwoch tänzeln die Feuerfunken in den Allgäuer Himmel. Die Fastenzeit hat begonnen und Ostern ist nicht mehr weit.

Tipp: Das Funkenfeuer wird nach Einbruch der Dunkelheit entzündet. Wer vorher noch Zeit in Fischen hat und sich aufwärmen möchte: Ganz unbayerisch geht es im Tante Emma Tea Room & Bistro zu (Am Anger 10, www.tante-emma-tearoom.de). Geführt von einem deutsch-englischen Paar ist das Lokal ein Hort britischer Tea-Tradition – mit Schoko-Orangentorte, Scones, Clotted Cream und allem, was noch dazugehört. Ein idealer Platz, um es schon vor dem Funkenfeuer ganz entspannt angehen zu lassen.

FAZIT: FUNKENFEUER GUT – ALLES GUT. NACH DIESEM ABEND DARF DER FRÜHLING KOMMEN!

Hin & weg: Mit der Bahn oder dem Auto bis Fischen. Parkmöglichkeiten vorhanden. Das Funkenfeuer ist auf einer kleinen Anhöhe westlich des Dorfes am Schlepplift aufgebaut.

Dauer & Strecke: Brenndauer etwa 1 Std., gut 1 km Fußmarsch vom Bahnhof.

Beste Zeit: Grundsätzlich immer am Sonntag nach Aschermittwoch. In einigen Allgäuer Gemeinden auch am Samstag.

Ausrüstung: Warme Klamotten.

2. KAPITEL
AUSFLÜGE

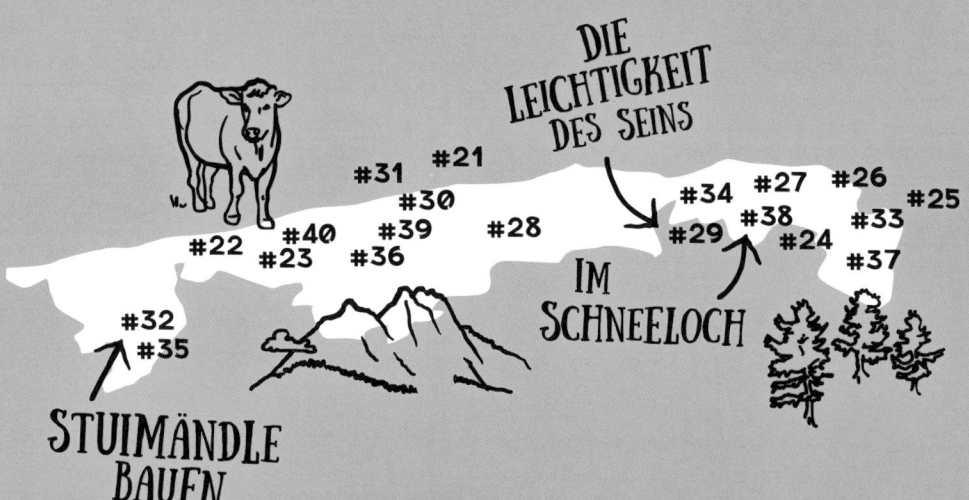

DIE LEICHTIGKEIT DES SEINS

STUIMÄNDLE BAUEN

IM SCHNEELOCH

#31 #21 #30 #34 #27 #26 #25
#22 #40 #39 #28 #29 #38 #33 #37
#23 #36 #24

#32 #35

Raus für einen Tag

Lust auf was Neues? Mit dem Lama runter zur Isar oder ein Besuch bei den Adlern in den Allgäuer Hochalpen? Für alle Wünsche und Bedürfnisse ist hier etwas dabei.

12 H

AUF LEISEN SOHLEN

⋝ ... Lamawanderung zur Isar ⋜

#21

Eine Pause gefällig, um mal wieder runterkommen? Dazu ist ein Tag mit Lamas das Mittel der Wahl. Denn eine Auszeit mit den Tieren ist überraschend schnell überraschend entspannend. Und der Grinsefaktor liegt bei zehn. Mindestens.

#Voralpenglück   #Entspannungpur   #kuschelweich   #runterkommen

Erst mal kennenlernen! Camillo, Checko und Coco sowie Merlin und Pepino heißen die Lamas, die gemeinsam mit einigen Alpakas als Junggesellentrupp auf dem Glaswinklerhof leben. Nadine Schmitt vom Alpaka-Lama-Team stellt ihre Tiere vor, Charakterköpfe ein jedes von ihnen. Der eine auf Anhieb lustig und frech, der andere zunächst skeptisch und distanziert. Allesamt unaufdringlich und ruhig in ihrer Art.

Kurz gezäumt und ein wenig gestriegelt. Bevor es losgeht, noch das kleine Lamawander-Einmaleins: Da wäre zum einen der zunächst seltsam erscheinende Tipp, »sein« Lama während des Wanderns nicht großartig anzusehen. Ist aber verständlich, wenn man erst mal weiß, dass das Lama irritiert ist, sobald der zweibeinige Wanderkumpane in die eine Richtung läuft, während er in die andere Richtung schaut. Zum anderen noch der Hinweis, wie sich das Lama am sichersten führen lässt: in der einen Hand der Führstrick, diesen dann mit der anderen fixieren, ohne die Hand darin einzuwickeln. Sollte das Tier doch mal ausnahmsweise losrennen – und es kann rennen! –, dann einfach loslassen. Sein Lamaherdentrieb würde es schnell wieder zum Wandertrupp zurückkommen lassen.

Wobei der andere Fall zumindest im Sommer viel wahrscheinlicher ist. Am liebsten würden die Tiere immer wieder eine Pause einlegen, um an einem saftigen Strauch oder am frischen Klee zu zupfen. Weshalb Regel Nummer drei ins Spiel kommt: die Tiere so führen,

dass sie bis zur gemeinsamen Rast möglichst nirgends naschen.

So ganz vermeiden lässt sich das oft doch nicht. Mitunter heißt es dann, sich den Dingen zu fügen und gemeinsam mit den Lamajungs stehen zu bleiben. Denn wie sich zeigt: Die Tiere können durchaus eigensinnig sein, und 120 bis 150 Kilo Lama bringt man nur mit gutem Zureden und einem Portiönchen Geduld wieder zum Weiterspazieren. Bis zum nächsten Grinsen ist's dann nicht weit. Denn einige Tiere tänzeln durch die Landschaft, als würden sie gerade für ihren großen Auftritt auf dem Catwalk proben. Grazil, anmutig, auf leisen Sohlen.

Dass so ein Ausflug mit Lamas die Konzentration und Aufmerksamkeit fördert, erscheint plausibel, denn tatsächlich ist man in Null-kommanix komplett auf die Tiere und ihr Wohlergehen fokussiert. Und das Unterwegssein mit Lamas entspannt. Hektik mögen sie nämlich nicht, mit ruhigen Bewegungen dagegen lässt sich bei ihnen ordentlich punkten.

Ganz gemächlich geht es daher über Landwirtschaftswege und durch Wiesen, hinein in den Wald und dem Pfad am Peterbauernbach folgend hinunter zur Isar, wo schnell eine pas-

Hin & weg: Mit dem Auto bis zum Glaswinklerhof (Glaswinkl 111 in Wackersberg).

Dauer & Strecke: Ein paar Stunden oder noch viel besser: ein Tag.

Beste Zeit: Ganzjährig möglich.
Mehr unter www.alpaka-lama-team.de

Ausrüstung: Brotzeit für die Pause an der Isar – die Lamas freuen sich dabei über ein Stück Apfel.

Pausenwiese an der Isar: Besonders entspannt wird's dort mit einem mitgebrachten Picknick. Die Lamas freuen sich derweil über das üppig wachsende Gras.

sende Pausenwiese gefunden ist. Die Wanderung zur Isar ist eine der längeren Runden vom Lamastall weg. Falls es nicht ganz so weit sein soll, gibt es jede Menge Abkürzungen durch Wald und Wiesen. Ist die Lust auf ein ganz großes Abenteuer geschürt, sind andererseits auch Mehrtagestouren drin.

FAZIT: DIE GANZ BESONDERS GECHILLTE ART DER ISAR-LUST.

ALLES SUMMT

⋛ ... beim Spaziergang in Seeg ⋚

#22
Spätestens seit 2012 der Dokumentar-
film »More than Honey« ins Kino kam,
wächst das Interesse an der Honigbiene
zusehends. Grund genug, um zu einem
Frühlingsspaziergang ins selbst ernannte
»Honigdorf« Seeg aufzubrechen.

Von Kerzen bis Likör – der kleine Laden der Erlebnisimkerei wartet mit allerlei Produkten aus Wachs und Honig auf.

Blauer Himmel, weiße Berge, grünes Land. So lässt sich an warmen Frühlingstagen das Allgäu erleben. »... und Abertausende gelbe Farbtupfer vom Löwenzahn«, würden die Seeger Imker dieses Allgäuer Idealbild wohl ergänzen. Denn auf den Honig, der sich hier imkern lässt, sind sie besonders stolz. Ausgedehnte Löwenzahnbestände finden sich nur noch vergleichsweise selten, auch die Wetter-

und damit Flugbedingungen für die Bienen müssen passen – und so ist Löwenzahnhonig ebenso rar wie begehrt.

Auf einem Frühlingsspaziergang rund um Seeg kann man sich am Blühen des Löwenzahns genauso erfreuen wie am Summen der Bienen. Bei öffentlicher Anreise geht es dazu vom Seeger Bahnhof los und über die

Bahnhof- sowie Hauptstraße nach Westen Richtung Dorfkirche. Dort biegt die Straße nach rechts ab und führt nach etwa 50 Metern zu einem kleinen Parkplatz, der gut als Ausgangspunkt für die Autofahrer dienen kann. Durch das Fernrohr, das hinunter auf den Seeger See gerichtet ist, lassen sich auch schon die Bienenstöcke ausmachen, welche die Imker dort aufgestellt haben.

Eine ganz kleine Runde führt durch die offene Moorlandschaft rund um den See und zurück ins Dorf. Die längere Variante lässt sich zum Schwaltenweiher und über die kleine Anhöhe Richtung Seeleuten ausdehnen. Dort im Landhotel Panorama (www.panorama-allgaeu.de) zumindest etwas Erfrischendes auf der Terrasse trinken und das namengebende Bergpanorama genießen.

Zurück in Seeg führt der Weg noch an der Erlebnisimkerei samt Bienenhaus vorbei. Das Außengelände ist frei begehbar, von Mitte April bis Mitte Oktober ist die Imkerei außerdem donnerstags und sonntags für einige Stunden am Nachmittag geöffnet (www.seeg.de/erlebnisimkerei-seeg).

In der Erlebnisimkerei kann man zum Beispiel in einen Bienenstock schauen – etwa 30 000 Tierchen leben darin. Man staunt darüber, wie Bienen die Welt sehen und erhält auch ein Rezept für Honigsprudel: In 1,5 Liter Mineralwasser etwa zwei Esslöffel Honig sowie etwas Zitrone geben – fertig ist die sommerliche Erfrischung.

Ganz zum Abschluss lässt sich noch ein kleiner Schlenker über den Dorfanger einbauen.

Wer nur ein Minimum an Zeit mitbringt, folgt am besten dem ausgeschilderten Bienenlehrpfad rund um den Dorfanger von Seeg, für den es auch eine kleine App gibt, Bienenstich inklusive.

Vor allem für den Fall, dass die Erlebnisimkerei nicht geöffnet ist, erfährt man auf den Schautafeln des Lehrpfads ebenfalls einiges über Bienen. Für Kinder führt dabei kein Weg am Bienenspielplatz vorbei.

> **FAZIT: VIELLEICHT ENDET DIESE ESKAPADE JA IM AUSSÄEN VON ETWAS BIENENWEIDE – FÜR DAS GROßE SUMMEN DAHEIM.**

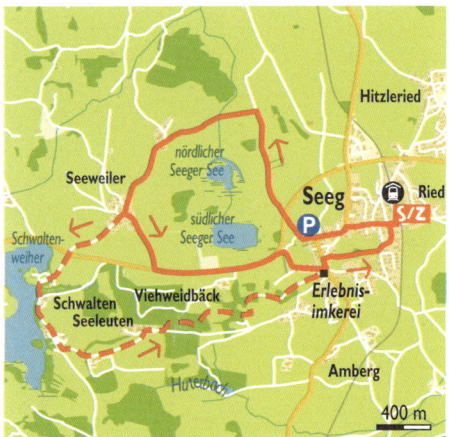

Hin & weg: Bahnhof Seeg. Mit dem Auto bis zum Parkplatz unweit der Kirche.

Dauer & Strecke: Je nach gewähltem Weg 2-4 Std. (reine Gehzeit), ca. 4-7 km.

Beste Zeit: Sommerhalbjahr.

Ausrüstung: Nichts Besonderes.

IN DER GESCHICHTE GRÜNDELN

 ... im Frühling am Forggensee

#23

Wüste. Mondlandschaft. Es sind diese Vergleiche, die früher oder später unvermeidlich fallen, wenn man im Frühling am Forggensee steht. Oder besser gesagt: im See.

#abgelassen #Frühling #Stausee #Lech #versunkeneWelt

Am einfachsten geht es an sonnigen Frühlingstagen von der Ortschaft Brunnen aus zu den Überresten vom Tonnengewölbe der Forggenmühle.

Sonnige März- und Apriltage, an denen der Schnee in der Ebene bereits geschmolzen ist, während im Hintergrund die Gipfel der Ammergauer, Lechtaler und Tannheimer Berge noch weiß leuchten, sind besonders gut geeignet, den Forggensee zu besuchen und in seine Geschichte einzutauchen.

Denn – was Sommerurlauber, die den fünftgrößten See Bayerns als Freizeitparadies schätzen, oft genug gar nicht wissen – der Forggensee wurde erst 1954 künstlich aufgestaut. Vor allem, um Energie zu liefern und um vor Hochwassern zu schützen, die der einst wilde Lech als besonders berüchtigter Alpenfluss häufig mit sich brachte.

Immer ab dem Herbst wird der See, der als Kopfspeicher für mehr als 20 Staustufen lechabwärts fungiert, allmählich abgelassen.

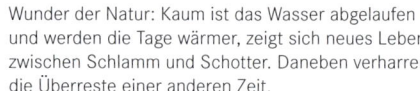
Wunder der Natur: Kaum ist das Wasser abgelaufen und werden die Tage wärmer, zeigt sich neues Leben zwischen Schlamm und Schotter. Daneben verharren die Überreste einer anderen Zeit.

es gut 30 Kilometer. Am einfachsten ist es, der Radwegausschilderung zu folgen, an einigen Stellen kommt man aber auch weit an oder sogar in den See hinein. Als besonders erwähnenswert dürfen drei Stellen gelten: Am Nordwestufer zwischen Roßhaupten und Dietringen tritt bei Niedrigwasser die alte Tiefentalbrücke wieder hervor. Über sie führte einst auch die Römerstraße Via Claudia Augusta, die als erste richtige Straße über die Alpen gilt. Weiter südlich bei Rieden ist das Café Maria (Forggenseestraße 18) ein hervorragender Ausgangspunkt für Entdeckungen. Von dort lässt sich weit am Ufer sowie in den See hinein und zwischen den Überresten abgeholzter Auwäldchen laufen.

Und immer im Frühling treten die Konturen der ehemaligen Lechauen, durch die der Fluss mäandert, wieder besonders deutlich zutage. Anfangs verschlammt und morastig, später staubig und steinig. An vielen Stellen lässt sich in diese (Mond-)Landschaft dann hineinlaufen oder sogar hineinradeln, auf hervortretenden Landzungen, auf schotterüberlagerten Höhenrücken oder riesigen ausgetrockneten Uferebenen. Zutage treten auch Zeugnisse der Geschichte der Lechauen. Für den Stausee mussten zwei Weiler, Deutenhausen und Forggen, weichen. Noch heute sind Grundmauern und Reste der zwangsgeräumten Häuser und Stadl auszumachen.

Es empfiehlt sich durchaus, einen ganzen Tag einzuplanen, um den Forggensee von allen Seiten zu erkunden. Mit dem Rad sind

Wer Lust auf eine weitere Mini-Exkursion in den abgelassenen See hat: Bei Brunnen, vom Parkplatz aus und nördlich am Maibaum vorbei, ist der Ausgangspunkt für einen Spaziergang nach Forggen (etwa ein Kilometer), dem namengebenden Weiler, der einst in den Fluten des Sees untergegangen ist. Noch heute kann man zwischen den Grundmauerresten

Hin & weg: Bahn bis Füssen. Von dort mit dem Rad oder zu Fuß. Für eine Seeumrundung mit anschließender Führung ist (für Autofahrer) Brunnen ein guter Startpunkt.

Dauer & Strecke: 1 Tag, Radl-Distanz gut 30 km.

Beste Zeit: Ende März/Anfang April nach einigen trockenen Tagen.

Ausrüstung: Feste Schuhe, ggf. ein Rad (wer in den See will, ein Mountainbike).

Wächter einer versunkenen Welt: Bei der Ortschaft Rieden stehen die Überreste eines Auwäldchens, das früher das Lechufer säumte.

Zeugnisse des ehemaligen Lebens finden: Türangeln und Reste alter Kachelöfen, Holzdielen und Gewölbekeller.

An fünf bis sechs Frühlingsfreitagen ist auch eine geführte Exkursion nach Forggen möglich. Fachkundiger Führer ist Magnus Peresson, der selbst in der Nähe des Sees aufgewachsen ist und viele Geschichten und Anekdoten zu erzählen weiß. Details bei der Touristeninformation Schwangau (www.schwangau.de).

FAZIT: EINFACH SPAZIEREN UND SICH FASZINIEREN LASSEN VON DER FREIGELEGTEN LANDSCHAFT. ODER IN DIE (SEE-) GESCHICHTE EINTAUCHEN.

GRENZ-GÄNGE

≳ ... Bike'n'hike zum Staubfall ≲

Außergewöhnlich ist der Gang über die grüne Grenze zwischen Bayern und dem Salzburger Land. Denn will man zwischen dem Dürrnbachhorn und dem Sonntagshorn von hüben nach drüben wechseln, schleicht man kurzerhand hinter dem rauschenden Staubfall entlang.

#grüneGrenze #Wasserfall #spektakulär #Schmugglerpfad #Bike'n'hike

Mindestens genauso überraschend wie der Durchschlupf hinter dem Wasserfall ist gleich daneben die reichlich antiquiert wirkende Grenzmarkierung.

→ AUSFLÜGE ...

Ziemlich unvermittelt in einer Kurve führt der Bergpfad direkt auf den Wasserfall zu. Was auf den ersten Blick ein Hindernis zu sein scheint, entpuppt sich als ziemlich genialer Durchschlupf. Hinter dem vor allem im Frühling und nach Regenfällen mächtig stiebenden Staubfall gelangt man auf abenteuerlich erscheinendem Weg von Deutschland nach Österreich. Dass man bei diesem Grenzgang durchaus trocken bleibt, ist dem kleinen Holzdach zu verdanken, das den natürlichen Felsüberhang verlängert. Leicht lässt sich ausmalen, was für eine mitunter nasse Angelegenheit das Rüber- und Nübergehen in früheren Zeiten war. Und gut lässt sich verstehen, dass so ein Weg gerade richtig für

Nach dem Radl-Auftakt geht's hinter dem Wasserfall zu Fuß weiter ins Heutal, wo einige Almhütten perfekte Einkehrmöglichkeiten bieten.

einen jeden war, der möglichst unbemerkt bleiben wollte, vor allem für Schmuggler, bei denen dieser Übergang zwischen beiden Ländern recht beliebt war.

An einer Grenze, die für uns Europäer längst ihre Bedeutung verloren hat, lässt sich – gut geschützt unter dem Holzdach – in den vorbeirauschenden Wasservorhang blicken. Ganze 200 Meter stürzt der Staubfall von der Seite her in den Fischbach, der über mehrere kleine Beckenstufen aus dem Heutal ins Chiemgau hinüberschwappt.

Der Weg von Laubau-Rupolding ins Heutal erfordert kaum eine Erklärung: am Wanderparkplatz neben dem Holzknechtmuseum ist der Staubfall bereits ausgeschildert. Dem geteerten Sträßlein nach Süden folgen, kurz

einmal rechts, dann wieder links und am Fischbach entlang bis zu einer Unterstandshütte. Dort das Rad anschließen und zu Fuß weiter. Der Weg schlängelt sich zunächst in einigen Serpentinen ein Stück die Bergflanke hinauf und verläuft – immer gut mit einem Geländer gesichert – eindrucksvoll hoch über dem Fischbach über die grüne Grenze.

Hin & weg: Bahn bis Ruhpolding, von dort Bus bis zum Holzknechtmuseum. Für die Autofahrer direkt nebenan ein großer Wanderparkplatz.

Dauer & Strecke: 45 Min. mit dem Rad, danach etwa 30 Min. zu Fuß bis zum Staubfall, etwa noch mal so weit ins Heutal; hin & zurück 16 km.

Beste Zeit: Nachdem der Schnee geschmolzen ist.

Ausrüstung: Für den ersten Wegteil reicht ein einfaches Rad mit zwei, drei Gängen. Fahrradschloss nicht vergessen. Feste Schuhe für den Fußweg.

Mit einer eigenen Brotzeit lässt es sich auch am Fischbachufer hervorragend aushalten. Vor allem an Hochsommertagen sind die Stunden im schattigen Wald angenehm erfrischend.

Was die Sache rund macht: etwa 30 Minuten ins Heutal weiterzugehen. In der Sommersaison gibt es hier zwei, drei Einkehrmöglichkeiten, bevor es wieder retour geht.

Tipp: Wer im Anschluss noch etwas Zeit einplant – und beim Bike'n'hike ist das bei der Runde ohne Weiteres drin – schaut noch im Holzknechtmuseum vorbei. Vor allem auf dem großen Freigelände zeigt das Museum recht anschaulich, wie bis vor wenigen Jahrzehnten mit dem Wald gewirtschaftet und Holz aus ihm geholt wurde.

FAZIT: ERFRISCHENDE HOCHSOMMERAUS-ZEIT IM WALD.

MAL NE RUHIGE KUGEL SCHIEBEN

 ... flussaufwärts am Almbach

#25 Stellt sich an warmen und heißen Sommertagen im Berchtesgadener Land die »Was heute tun?«-Frage, dann lautet eine mögliche Antwort, zum Almbach aufzubrechen. Denn dort lässt sich ein kleiner Klammspaziergang unternehmen und ganz nebenbei ein faszinierendes Fitzelchen Kulturgeschichte kennenlernen.

Steter Tropfen höhlt den Stein ...

Der Almbach hat nach der letzten Eiszeit eine tiefe Klamm in den sagenumwobenen Untersberg geschnitten. Der schmale Durchlass bietet bis heute einen Lebensraum für unterschiedlichste Pflanzen. Wer botanisch einigermaßen bewandert ist, erkennt, dass dort sogar Arten nebeneinander vorkommen, die an und für sich in verschiedenen Höhenstufen beheimatet sind, denn das Wasser spült die Schwemmlinge regelmäßig von oben herab.

Außerdem tut sich der Almbach mit mehreren Wasserfällen und teils großen Gumpen hervor. Es verwundert wenig, dass die Menschen schon früh von der Natur in der engen Klamm beeindruckt waren. Touristisch erschlossen ist sie seit 1894, nachdem Soldaten ruckzuck, innerhalb von einem Monat, einen drei Kilometer langen Weg mit einem Tunnel, 29 Brücken und mehreren Hundert Treppenstufen

angelegt hatten, um die 200 Meter Höhenunterschied der Flussenge zu überwinden.

Immer wieder setzen Schneeschmelzen oder Sommerunwetter dem Klammweg zu. Weniger von der brutalen als vielmehr von der stetigen Kraft des Wassers kann man sich gleich zu Beginn des Spaziergangs durch die Almbachklamm überzeugen. Kaum fünf Schritte vom

---

Hin & weg: Regelmäßige Busverbindung zwischen Berchtesgaden und Salzburg, Haltestelle Kugelmühle.

Dauer & Strecke: Reine Gehzeit 3 Std. Ohne Weiteres 1 Tag durch viele Pausen, die sich anbieten; ca. 8 km/400 hm.

Beste Zeit: Sommerhalbjahr, die Klamm ist im Winter gesperrt.

Ausrüstung: Feste Schuhe. Auch an Tagen mit viel Sonne noch eine extra Kleidungsschicht.

... oder macht ihn kugelrund.

Wanderparkplatz entfernt steht man vor dem Gasthaus Kugelmühle. Der Name bezieht sich auf eines der ältesten Gewerke der Region. 1683 errichteten Bergbauern am Almbach die ersten Kugelmühlen. Sie stellten Steinkugeln und Murmeln her. Als Material kam vorwiegend Kalkstein aus der Gegend in Frage, der wegen seines Aussehens nach dem Polieren auch Untersberger Marmor heißt.

Zwischen zwei und acht Tage dauerte es, bis allein die Kraft des Wassers und die Reibung auf einer harten Sandsteinplatte aus einem grob behauenen Rohling eine gleichmäßige Kugel werden ließ. Die Kugeln waren als Kinderspielzeug sehr beliebt und wurden aus dem Berchtesgadener Land in alle Welt verschickt, in manchen Jahren bis zu 50 000 Kilogramm. Noch um 1950 gab es am Almbach etwa 40 Kugelmühlen, weitere 90 in der näheren Umgebung. Heute produziert die Kugelmühle am gleichnamigen Gasthof als letzte noch immer Marmorkugeln. Im Kiosk nebenan lässt sich das handschmeichelnde Resultat der Wasserkraft kaufen – kleine Kugeln kosten nicht mehr als ein Eis, für große Exemplare muss man schon mal etwas tiefer in die Freizeitkasse greifen.

Tipp: Wenn's nur eine kleine Runde sein soll, lässt sich nach knapp zwei Kilometern, wenn sich die Klamm weitet, Richtung Ettenberg abbiegen. Wer trittsicher und schwindelfrei ist, kann bei trockenen (!) Bedingungen von der Theresienklause, statt regulär nach Ettenberg zu gehen, noch weiter der Trittspur am Bach und dem später leicht ausgesetzten Bergpfad folgen, der in einem Bogen ebenfalls zu den Gehöften führt.

FAZIT: ABWECHSLUNGSREICHER AUSFLUG, DER SICH IDEAL AUF DIE EIGENEN BEDÜRFNISSE ANPASSEN LÄSST.

ZWISCHEN DEN SCHAUERN

... in der Marzoller Au

#26

Dann wieder sind da diese Tage, an denen man einfach rausmuss. Nicht, obwohl es regnet. Sondern gerade, weil es regnet. Wegen dieser ganz besonderen Gerüche und Geräusche, die das Nass mit sich bringt. Und wegen seiner tiefenentspannenden Wirkung.

#BadReichenhall #Biosphärenreservat #Auenlandschaft #Petrichor

Kleiner Balanceakt über den Graben-
bach. Viel lässt sich entdecken und
ausprobieren in der Marzoller Au.

Ein Duft wie ein Versprechen. Kaum wahr-
nehmbar zunächst, dann immer intensiver.
Aus einer ersten Ahnung wird die Gewissheit,
es riecht nach Regen! Markant. Erdig-würzig.
Wissenschaftler haben diesem einprägsamen
Duft sogar einen Namen gegeben: Petrichor.
Er entsteht, wenn Regen nach längerer Tro-
ckenheit auf staubigen Boden fällt. Entlang
der Berge bedeutet Regen oft auch, besser im
Tal zu bleiben. In solchen Momenten lassen

sich endlich Orte entdecken, die man allzu
schnell übersieht, wenn man nicht gerade
sowieso dort lebt. Die Marzoller Au ist so ein
Flecken Erde, ein ehemals großer, natürlicher
Auwald nördlich von Bad Reichenhall. Nach
dem Umverlegen und Begradigen der Saalach
im 19. Jahrhundert war das Feuchtgebiet nur
noch selten überschwemmt; die für den Auwald typischen Lebensräume verschwanden.
Mit der Wiedervernässung ab den 1980er-Jah-

ren gibt sich die Marzoller Au nun wieder sehr naturnah – mit zahlreichen Bächen, Tümpeln und Seeaugen.

Natürlich ließe sich das bei den Einheimischen beliebte Naherholungsgebiet bei jeder Gelegenheit erkunden. Doch ein besonderer Reiz geht von der Auenlandschaft aus, wenn es regnet. Beim Auwaldspaziergang gesellen sich dann nämlich zu den potenziellen Düften auch noch besonders intensive Geräusche. Nieselt es, benetzt der Regen ganz fein und nur leise die Blätter der Bäume. Landregen hingegen macht sich mit einem gleichmäßigen Rauschen bemerkbar. Platzregen wiederum prasselt und trommelt laut auf das Blätterdach. Wenn es soweit kommt, ist man am besten gerade an dem kleinen Naturerlebnispfad und hat schon in der dortigen

Vogelbeobachtungsstation Schutz gefunden. Oder man sucht sich eben einen Baum mit ausreichend ausladender Krone, um an den

---

Hin & weg: Mit der Bahn bis Piding. Verlängert man den Spaziergang, kann man entweder in Bad Reichenhall oder Bad Reichenhall-Kirchberg wieder in den Zug steigen. Oder mit dem Auto bis Weißbach bzw. Türk; Parkplätze an der Reichenhaller Straße.

Dauer & Strecke: Als kleine Runde etwa 1 Std. im Regen. Ganze Strecke 2,5 Std., 9 km, und dann ab in die Therme und/oder Altstadt von Bad Reichenhall.

Beste Zeit: Ganzjährig. Auch und besonders an Regentagen. Öffnungszeiten der Therme auf www.rupertustherme.de

Ausrüstung: Dem Wetter angepasst.

Vor den Toren von Bad Reichenhall, und sofort wird alles ganz grün - vernässt und überwuchert -; dazwischen schlängeln sich bequeme Spazierwege.

Stamm gelehnt abzuwarten. Denn an diesen gewissen Sommertagen dauert es ja oft gar nicht so lang, bis das Sonnenlicht wieder durch die Wolken bricht und der Auwaldspaziergang fortgesetzt werden kann.

Der Ausflug lässt sich angenehm verlängern, indem man weiter der Saalach folgt. Bequeme drei Kilometer flussaufwärts kommt die Rupertus Therme Bad Reichenhall in Sicht. Dort schließen sich an das mondän wirkende Kurviertel die Alte Saline und die eigentliche Altstadt von Bad Reichenhall an, die Obere Stadt. Besonders beschaulich ist es dort rund um den Florianiplatz.

Regenschauer-Tipp: einen erneuten Regen einfach in der Stadt unter einer der vielen Café-Markisen aussitzen ...

FAZIT: (SOMMER-)REGEN? NUN WIRKLICH KEIN GRUND, NICHT RAUSZUGEHEN!

DIE SPRACHE DER BERGE

... jodelnd auf dem Hochfelln

#27 *Holareiduljö, was für ein Moment: ein herrlicher Sommertag und frische Luft um die Nase. Oben auf dem Gipfel ein 360-Grad-Panoramablick. Hier also Haltung annehmen, tief in den Bauch atmen und ... jodeln lernen!*

Der Alperer wird vor allem in den Bergen des Chiemgau und im Salzkammergut noch oft gejodelt.

Es lässt sich auf eine ganz simple Formel bringen: »Jodeln macht glücklich.« Als bester Beweis dürfte allein schon ein Gipfeljodler gelten, der hin und wieder bei einer Bergtour zu hören ist. Die gute Laune, die mithallt, ist förmlich zu spüren und entlockt so ziemlich jedem unweigerlich ein Lächeln.

Aber selber jodeln? Erfreulicherweise ist das einfacher als gedacht. »Fürs Jodeln braucht man nicht singen können«, verspricht Josef Ecker, der auf dem Gipfel des Hochfelln im Sommerhalbjahr Jodelseminare gibt. »T-t-t-t, p-p-p-p«. Am Anfang steht das Aufwärmen von Stimme und Körper. Beim Jodeln heißt das Zungenspitzen- und Lippentraining. Als krönende Kür gilt das zumindest für Zuageroaste nicht ganz einfache bayerische rollende R. Ist das erprobt, darf schon mal ganz R-frei

ein Alm-Juhizer ausgestoßen werden: »Ju-hu-hu-hu«. Mit dem Jodeln, das ist spätestens an diesem Punkt klar, kann man sich selbst etwas Gutes tun, denn der Körper öffnet und entspannt sich ganz schnell. Und falls es irgendein Jodel-Eis zu brechen gab, ist das schon längst geschehen. So geht es mit immer mehr Mut weiter. Josef Ecker begleitet die Gruppe auf dem Akkordeon beim Sensnmähjodler und beim Glockenjodler, später bei einer Jodlerpolka und einem G'stanzl. Ganz nebenbei erklärt er seine Heimat.

Die Rückseite der kleinen Tabor-Kapelle am höchsten Punkt des Hochfelln eignet sich hervorragend, um die ersten Jodler zu erproben. Ein Rundumblick zum Niederknien, weshalb es die Augen immer wieder vom Notenblatt wegzieht. Wenn dann die eigene Stimme im Chor das ruhige und sonore »djä di ei ho« des Alperer erklingen lässt, ist einer dieser intensiven Momente erreicht, in denen man sich der Gebirgslandschaft schon mal ganz besonders verbunden und nah fühlt.

Viele Jodler handeln von Geschichten und Sagen aus der Alpenwelt. So soll mit dem Alperer die gleichnamige furchterregende Sagengestalt milde gestimmt werden. Andere Jodler wieder dienten in früheren Zeiten der Kommunikation von Alm zu Alm und erzähl-

Hin & weg: Mit dem Auto bis zur Talstation der Hochfelln-Seilbahn in Bergen. Von dort auf den Gipfel schweben.

Dauer: 1 Tag.

Beste Zeit: Von April–Oktober gibt es regelmäßige Jodelkurse am Hochfelln (www.jodelseminar.net).

Ausrüstung: Feste Schuhe sowie dem Wetter angepasste Kleidung, dabei eine Jacke mehr als im Tal.

Einen fantastischen Blick auf die umliegenden Berge bis hinüber zum Chiemsee gibt's beim Jodeln am Hochfelln gratis dazu.

ten von Existenz und Anwesenheit. Auf dem Hochfelln-Gipfelrundweg mit seinen vielen Aussichtspunkten lässt es sich später wunderbar jodelnd durch die Natur arbeiten. Dabei kommen neben dem Akkordeon auch immer wieder Jagdstock, Kochlöffel und Glocken zum musikalischen Einsatz. Dann noch ein lauter Jodelgruß ins Tal und zum krönenden Abschluss das Bergvagabundenlied geschmettert. Am Ende stellt sich eine letzte Frage: Ja, natürlich darf man nach diesem Tag auch sein Jodeldiplom mit heimnehmen. So viel Loriot muss sein. – Holareiduljöööööööö!

FAZIT: EINEN PASSENDEREN PLATZ ZUM JODELN ALS EINEN BERGGIPFEL KANN ES NICHT GEBEN.

GUMPEN-GENUSS

 ... am Schronbach

 Eine Abkühlungsempfehlung für den Hochsommer gefällig? Ein paar Meter den Berg hinauf, noch ein wenig aufheizen in der Sonne und dann ... nichts wie hinein in eine der natürlichen Badewannen am Schronbach. – Ab in die Gumpe!

Der Schronbach wird von vielen kleinen und kleinsten Zuläufen gespeist. Allesamt sind sie - eiskalt!

... eiskalt. Um den Tag ausgiebig zu genießen, nimmt man sich am besten etwas zu trinken, ein wenig Proviant und ein gutes Buch mit.

Der Weg zu den Gumpen am Schronbach ist denkbar einfach. Start ist an der kleinen Isarbrücke unterhalb des Sylvensteinstaudamms. Dort befinden sich sowohl Parkmöglichkeiten als auch eine Bushaltestelle, an der im Sommer immerhin je zweimal vormittags und abends der Bergsteigerbus hält, der sonst zumeist Karwendelwanderer von und nach Lenggries bringt.

Hinter der Brücke führt rechts ein Wirtschaftsweg in den Wald hinein. Die erste Rampe ist recht steil, hinter einer Haarnadelkurve wird es aber schnell gemütlicher. Nach etwa 20 Minuten und einem guten Kilometer ist auch schon alles geschafft. Nach links führt eine Abzweigung in eine Almwiese und dahinter zum Bach.

Zwei Fragen muss sich jetzt noch jeder selbst beantworten. Nummer eins: lieber auf die Almwiese unter das Rauschen der Bäume?

Spätestens an den Hundstagen, wenn selbst in und an den Bergen die Sommerhitze ihren Höhepunkt erreicht, ist auch die große Gumpenzeit eingeläutet. Die Zeit, in der sogar jeder sonst so Aktive gern mal das Wandern oder Radeln bleiben lässt und stattdessen ungestört ein paar Stunden oder gleich einen ganzen Tag im Halbschatten verbringt und hin und wieder ins kühle Nass steigt.

Gumpen versprechen eine der vielleicht lässigsten und in jedem Fall eine der erfrischendsten Arten, den Sommer in den Bergen zu genießen. Denn das Baden in einer der beckenartigen Strudeltöpfe, die vielerorts durch Sturzbäche auf den felsigen Untergrund erodiert wurden, ist im wortwörtlichen Sinne

Hin & weg: Bushaltestelle Sylvensteinsee (Kraftwerk). Alternativ mit dem Rad von Lenggries isaraufwärts und steil zurück über die Jachenau und das Café Landerermühle.

Dauer & Strecke: Für die Stippvisite 1 Std., tiefenentspannt 1 Tag, 1 km bis zu den Gumpen.

Beste Zeit: Hochsommer.

Ausrüstung: Badesachen, evtl. Wasserschuhe.

So richtig tiefenentspannend wird der Gumpengenuss, wenn man Zeit mitbringt – ganz viel Zeit. Im Laufe eines Tages lassen sich dann gleich mehrere Lieblingsplätze entlang des Schronbachs finden.

Oder ans Felsufer zum Rauschen des Bachs? Und Nummer zwei: lieber an ein flaches Stück Wasserlauf? Oder gleich an – und alsbald in - eine der ausgespülten Gumpen?

FAZIT: HOCHSOMMERLICHER BERGGENUSS? GUT – BESSER – GUMPE!

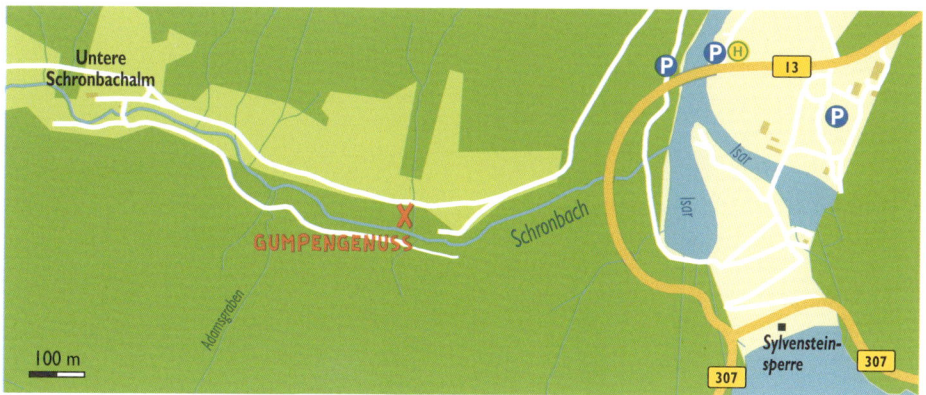

DIE LEICH-TIGKEIT DES SEINS

 ... mit dem Kajak auf dem Walchensee

#29

Sich leise treiben lassen auf dem spiegel-glatten Wasser. Mit dem Gefühl, am liebsten nie wieder ans Ufer zurückkehren zu wollen. Von einem Sommertag auf dem Walchensee aus betrachtet kann das Leben so wunderbar einfach sein.

#Thermik #türkisblau #Bergsee #Kieselstrand

Startet man am Vormittag, geht es zunächst immer der Sonne entgegen.

Es ist einer dieser Glücksmomente, der Alltag bleibt am Ufer zurück, der gleichmäßige Paddelschlag und die innere Ruhe sind gefunden. Die Aufmerksamkeit ist entspannt auf die Umgebung gelenkt, das Wasser, das eben noch leichte Wellen geschlagen hat, sich nun aber wie glattgestrichen um das Kajak herum ausbreitet. Die sich darin spiegelnden Berge. Die Stille.

Um diesen Moment zu erleben, hat man vorzugsweise zeitig seinen Weg an den Walchensee gefunden, denn an dem bis zu 190 Meter tiefen Gebirgssee gelten ganz eigene Gesetze – die des Windes. Der Walchensee ist eingebettet in einen engen Talkessel, den bewaldete Berge umringen, die nicht allzu hoch sind. Doch hoch genug, um für ordentlich Thermik zu sorgen, wenn die Talluft an den aufgeheizten Südhängen von Herzogstand und Jochberg aufsteigt. Zwischen elf und zwei bläst dann der Wind, mitunter sogar bis in den frühen Abend hinein.

Als günstiger Startpunkt für eine Runde mit dem Kajak bietet sich Einsiedl am südwestlichen Seezipfel an. Reinhard Post verleiht dort seine Kajakflotte. Um einigermaßen würdevoll ins Bötchen zu rutschen, braucht es an Schönwettertagen auch für Anfänger kaum mehr als etwas Balance. Dann nach Können und Zeit entscheiden, wohin es gehen soll. Ganz gemütlich lässt es sich zum Beispiel angehen, wenn man entlang des Ufers der Halbinsel Zwergern paddelt, die wie ein dicker Finger in den See ragt. Beim gemächlichen Dahingleiten durch das türkis-

Wer lieber im Kanu unterwegs ist, kann auch das in Einsiedl ausleihen. Ideal ist es, den frühen Vormittag anzupeilen, bevor die Thermik allzu stark wird.

farbene Walchenseewasser tut man es dann in gewisser Weise den Erfindern des Kajaks gleich. Das Wort Kajak stammt vom grönländischen Begriff Qajaq und bezeichnet »das Boot des Jägers«. Schon vor Jahrhunderten bauten die Inuit diese wendigen Paddelboote und nutzten sie für die Jagd an den arktischen Küsten. Zwar sieht man mitunter auch auf dem Walchensee Angler, die aus dem Kajak heraus ihr Glück versuchen, doch erfolgversprechender ist es, statt auf Fischjagd auf Strandjagd zu gehen. Denn überall verstecken sich kleine, wunderbare Bade- und Sonnenplätze. An denen ist es dann ein Leichtes, genüsslich die eine oder andere Stunde zu verbringen, bis der Wind wieder nachgelassen hat und es paddelnd retour nach Einsiedl geht.

Hin & weg: Mehrmals täglich Busse ab Garmisch-Partenkirchen bzw. Kochel nach Einsiedl.

Dauer & Strecke: Mindestens 2,5 Std., problemlos 1 Tag.

Beste Zeit: Sommertage.

Ausrüstung: Kajakausrüstung inklusive Schwimmweste gibt es beim Bootsverleih Post in Einsiedl direkt am See, Tel. 08858/745. Ansonsten: Wasserflasche, Brotzeit, Badesachen nicht vergessen!

FAZIT: EINE ESKAPADE, DIE NICHT LÄNGER AUFGESCHOBEN GEHÖRT!

DURCH DIE GESCHICHTE SPAZIEREN

 ... im Freilichtmuseum Glentleiten

#30

Zwischen Digitalisierung und Globalisierung ist die gute alte Zeit ganz fix beschworen. Doch war früher wirklich alles besser? Ein Besuch an der Glentleiten gibt – oberbayerische – Antworten auf diese Frage und lässt in längst vergangene Tage eintauchen.

#Oberbayern #Freilichtmuseum #sammeln&bewahren

Alles echt: Die Hütten vermitteln das Gefühl, als befände man sich auf einer wirklichen Almwiese viel weiter oben in den Bergen.

→ AUSFLÜGE...

Fast könnte man meinen, der Museumsstandort an der Glentleiten, mit freiem Blick auf den Kochelsee und weit ins Voralpenland, wurde einst nur aus einem einzigen Grund gewählt, nämlich dem, jedem Besucher einen entzückten Seufzer zu entlocken, spätestens dann, wenn er zu der Almwiese kommt, die sich hinter einem kleinen Wäldchen versteckt hält. Denn schon das fast 40 Hektar große Hanggelände des Freilichtmuseums besticht mit seiner Lage. Einmal mehr die Wiese, auf der sechs unterschiedliche Almhütten sowie eine Jagd- und Forsthütte ihren Platz gefunden haben.

Als zentrales Freilichtmuseum für Oberbayern konzipiert, gewährt das Gelände an der Glent-

leiten seit 1976 Einblicke in den ländlichen Alltag der Menschen entlang der Alpen vom Berchtesgadener Land bis zu den Ammergauer Alpen. Bisher sind die Häuser vor allem randalpin, bis 2030 soll die Ausstellung um zwei Höfe aus der Hallertau mit ihrem Hopfenanbau erweitert werden. Wie zuvor schon die anderen Häuser, Höfe und Mühlen werden dazu die Hofgebäude samt Einrichtung an ihrem ursprünglichen Standort akribisch erfasst, sodann abgetragen und an der Glentleiten originalgetreu wiederaufgebaut.

Der Besucher spürt diese Authentizität unmittelbar: Die Feuerstelle im Zehentmaier-Haus ist so rußgeschwärzt, als wurde gerade erst das Mittagessen vom Herd genommen.

Und in der Werkstatt im Wagnerhaus kann man all die Werkzeuge entdecken, die zum handwerklichen Herstellen von Wagenrädern und landwirtschaftlichen Geräten wie Schubkarren oder Eggen benötigt wurden. Jedes Gebäude wird in einem eigenen sogenannten Zeitschnitt vorgestellt und repräsentiert damit eine ganz bestimmte Epoche. So bekommt man ein Gefühl dafür, unter welchen oft einfachen, bisweilen harten Bedingungen in Oberbayern im Laufe der letzten 500 Jahre gelebt und gearbeitet wurde.

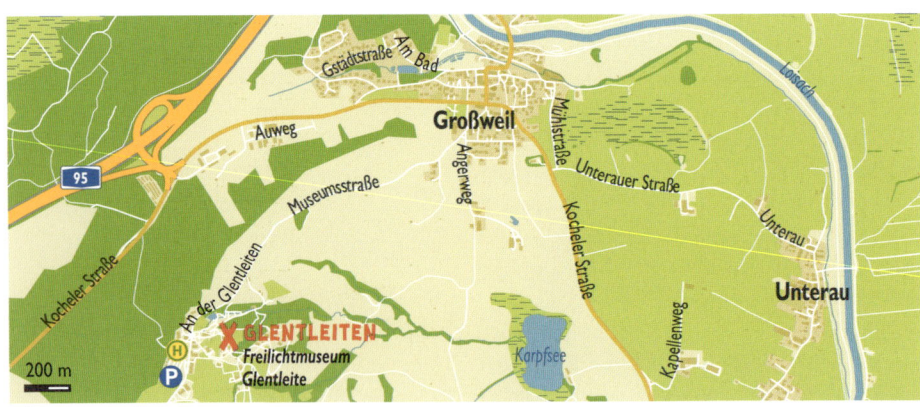

Der alte Bauerngarten hinter einem Flechtzaun birgt wahre Schätze. Einige der darin angebauten Gewürz-, Heil- oder Nahrungspflanzen sind heute fast vergessen.

Seit 2018 hat das Museum auch einen großen, modernen Eingangsbereich – samt Museumsshop und Raum für Sonderausstellungen sowie einer kleinen Schaubrauerei. Besonders hübsche Pausenplätze sind außerdem der zentral gelegene Kramerladen und der Freisitz am Salettl. Oder man bringt sich sein eigenes Picknick mit und genießt das außergewöhnliche Museumsambiente an einem der Rastplätze. Vielleicht ist die dabei spürbare Leichtigkeit das eigentliche Geheimnis des besonderen Glentleiten-Gefühls. Mit anderen Worten: Für das wahrscheinlich wunderbarste Freilichtmuseum Bayerns darf man getrost einen ganzen Tag einplanen. Alternativ kombiniert man's mit Eskapade #5.

Traditionell ist die Glentleiten von Josefi bis Martini geöffnet, also vom 19. März bis 11. November. Außerdem zum Christkindlmarkt am ersten Adventswochenende. Eines der vielen hübschen Highlights für Kinder ist die Waldkugelbahn. Dafür unbedingt ein 50-Cent-Stück griffbereit halten.

Hin & weg: Bus von Murnau oder Kochel direkt auf die Glentleiten. Alternativ mit dem Auto bis Großweil und dort der Ausschilderung folgen.

Dauer: Mindestens 2,5 Std., problemlos 1 Tag in dem weitläufigen Museumsgelände.

Beste Zeit: Sommerhalbjahr. Gutes Wetter ist kein Muss, da es auch in den zahlreichen Häusern sehr viel zu sehen gibt.

Ausrüstung: Ein bisschen Muße und ganz viel Neugier.

WASSER LESEN

⟩⟩ ... paddelnd auf der Loisach ⟨⟨

#31

Die Loisach hat viele Gesichter. Während ihr wilder Oberlauf ausschließlich Könnern vorbehalten ist, präsentiert sie sich ab Farchant deutlich ruhiger und ist damit auch für Wildwasseranfänger gut befahrbar.

Kanadierfahren ist echte Teamarbeit. Nach dem gemeinsamen Einsetzen heißt es vorne paddeln, hinten steuern und dann auch mal die Plätze zu tauschen.

Kiesbank voraus! Kurz hinter der Eisenbahnbrücke bei Eschenlohe lockt sie auf der rechten Uferseite zu einem Picknick. Also heißt es raus aus der Strömung und den Kanadier sanft an Land gleiten lassen.

Wie groß die Schotterfläche gerade ist, entscheidet die Loisach. Regnet es in den Bergen viel, dann schwillt der Fluss ordentlich an und verschluckt viele der Kiesbänke. Bei längerer Trockenheit hingegen zeigt sich die Loisach mitunter dermaßen flach, dass man sie richtiggehend lesen muss, um im klaren Wasser nicht aufzusetzen. Dort, wo nicht eh schon große Kiesbänke zum Anlanden einladen, schimmert das Flussbett sandgelb. Die tieferen Stellen indes, wo das Wasser noch strömt, leuchten türkis und weisen die ideale Paddelrichtung. Der Fluss, der in der Nähe vom Fernpass entspringt und im Oberlauf als

sehr schwierig befahrbar eingestuft wird, ist nördlich von Farchant deutlich einfacher und damit auch für wasserliebende Laien ein wunderbares Revier. Maximal Wildwasser 2 wird ihm hier zugestanden. Von einem trägen Dahindümpeln ist man dennoch weit entfernt. Selbst bei Niedrigwasser bietet die Loisach

---

Hin & weg: Start in Farchant, wo auch die Bahn hält. Ausstieg aus der Tagestour spätestens am Kochelsee, ebenfalls mit Bahnanbindung. Alternativ Autoshuttle organisieren, vor allem bei kürzeren Varianten.

Dauer & Strecke: 1 Tag. Reine Paddelzeit bis Eschenlohe 1,5 Std., bis Großweil 4 Std. plus Pausen, 10–30 km.

Beste Zeit: Hochsommertage, besonders entspannt bei Niedrigwassser.

Ausrüstung: Wildwasser-/Flusswanderausrüstung. Außerdem Sonnenschutz, Badesachen, kleine Brotzeit und Getränke.

ein flottes Reisetempo, das durchaus überraschen kann. Hin und wieder erfordert das Umschiffen kleinerer Hindernisse ein wenig mehr Aufmerksamkeit und man muss das Boot über die eine oder andere kleinere Sohlrampe manövrieren. Auch als Wildwasseranfänger tut man sich dabei einigermaßen leicht, sobald erst mal die Arbeitsteilung im Kanadier sitzt: Hinten wird gesteuert, vorne gepaddelt.

Einsam und allein ist man auf der Loisach freilich nicht. Vor allem an Hochsommerwochenenden tummeln sich schon mal ein paar mehr Kanus, Kajaks und Schlauchboote auf dem Fluss. Doch hinter Eschenlohe wird es stiller. Dieser Eindruck mag auch daran liegen, dass die Landschaft jetzt von beiden Seiten wie eine grüne Walze in das Wasser hineinzurollen scheint, so dicht ist der Bewuchs. Der Fluss mäandert nun immer gemächlicher durch flache Auen und Moore; günstige Ausstiege bieten sich später in Weichs und Achrain sowie am Wehr in Großweil. Wer ganz ausdauernd ist, paddelt bis zum Kochelsee. Um möglichst entspannt auf der Loisach unterwegs zu sein, sollte sie maximal auf durchschnittlichem Niveau fließen.

Tipp: Mit Eschenlohe, Oberau und Farchant hat die Bahn gleich drei Stopps entlang dieses Loisachabschnitts, sodass auch ohne Auto der Startpunkt gut erreichbar ist. Wer keine eigene Ausrüstung besitzt, kann sie sich bei Bettina und Sebastian Sprenzel von

Wildwasser Werdenfels in Garmisch-Partenkirchen leihen (www.ww-gap.com). Auf Wunsch bringen sie das Material direkt zum Einstieg nach Farchant und organisieren auch den Rückshuttle.

STUI-MÄNDLE BAUEN

 ... im Trettachtal

 # 32

Warum es verlockend ist, sich der Kunst des Steinmännchenbauens ausgerechnet an der Trettach hinzugeben? Weil das gleichnamige Tal bei Oberstdorf nicht nur als toller Tagesausflug taugt, sondern auch der attraktive Auftakt zu einer der beliebtesten Alpenüberquerungen ist.

#Steinmännchen #Orientierung #einfachnurso #Sommerspaß

Die Trettach ist die »Schnelle, Eilige« – beim Durchwaten flacher, kleinerer Stromschnellen spürt man durchaus ihre Kraft.

In den Sommermonaten entdeckt man auf dem Oberstdorfer Bahnhofsvorplatz neben Tagesausflüglern auch etliche mit schweren Rucksäcken bepackte Alpenüberquerer. Wer nämlich innerhalb einer Woche die alpine Überschreitung nach Italien machen will, startet genau hier – bis zur Ankunft in Südtirol sind es knapp 200 Kilometer und einige Tausend Höhenmeter. Beobachtet man das Treiben einfach mal ein paar Minuten, scheint die Vorfreude der Alpenüberquerer förmlich greifbar, genauso wie eine gewisse Nervosität – denn für viele ist es die erste Unternehmung dieser Art.

Das ist die adäquate Stimmung, in der man sich selbst aus dem Ort hinausspülen lässt, um zumindest ein allererstes kleines Stück dieses beliebten Weges zu erleben. Durch die Fußgängerzone hindurch an der Talstation der Nebelhornbahn angelangt ist die Brücke über die Trettach der eigentliche Ausgangspunkt eines Tagesausflugs ins Trettachtal. Gerade an Bilderbuchwochenenden ist die Wanderung zwar weit davon entfernt, einsam zu sein, dennoch ist sie eine uneingeschränkte Empfehlung. Man orientiert sich an der Ausschilderung zum Weiler Spielmannsau, der erst seit 1844 zu Bayern gehört, als stritti-

Berge, Wiese, Käsekuchen, dazu ein sprudelnder Bach - sehr viel mehr braucht's im Allgäu nicht für einen Tag, der glücklich macht.

ge Grenzverläufe zwischen Österreich und Bayern geregelt wurden. Heute verläuft die Grenze oben auf dem Bergkamm unweit der Trettachspitze, die sich während der Wanderung ziemlich prompt als perfekte Pyramide ins Bild schiebt.

Der weite Talboden geizt nicht mit Eindrücken: Eine lange Ahornallee zieht die Aufmerksamkeit auf sich, bald danach Almwiesen, auf denen vereinzelt Häuser stehen. Ist die Spielmannsau erreicht, lohnt es sich, noch ein Stück weiterzugehen. Bevor der Weg Richtung Kemptner Hütte und damit auch über die Alpen abzweigt, gelangt man zu einer kleinen Brücke über die Trettach, die als geeigneter Wendepunkt der Wanderung hergenommen werden kann. Dort nämlich ist eine hervorragende Stelle, um die Füße im eiskal-

ten Wasser abzukühlen und ein paar Steine zu einem Türmchen aufzuschichten.

Oben in den Bergen waren solche Steinmännchen - auch Stoamandl oder lokal in den Allgäuer Alpen Stuimändle genannt - einst wichtige Wegweiser, um in unwegsamem oder unübersichtlichem Gelände die Orientierung zu erleichtern. Sogar heute noch stellen sie dort eine entscheidende Hilfe dar, wenn gerade nicht auf Apps & GPS zurückgegriffen werden kann oder wegen schlechter Sicht selbst ein Kompass nutzlos ist. Unten an der Trettach indes haben die Steinmännchen keine Funktion, abgesehen von einer kontemplativen und Freude bringenden.

Tipp: Ein Stück zurück auf dem Weg kommt man unweigerlich an der Sennalpe Oberau vorbei. Die Milchprodukte stammen von den ringsum weidenden Kühen. Für den süßen Zahn käme die Dickmilch mit Zimt und Zucker in Frage, wenn's herzhaft sein soll, eine Brotzeit mit Sennalpbergkäse und frischer Butter.

FAZIT: SCHÖNER SCHICHTEN – SCHÖNER BAUEN ... AM ALPENBACH!

Hin & weg: Bahnhof Oberstdorf. Bei der Anreise mit dem Auto einen der Großparkplätze im Ort nutzen.

Dauer & Strecke: 5 Std. reine Gehzeit, ca. 19 km hin und zurück ab Bahnhof Oberstdorf.

Beste Zeit: Mai–September.

Ausrüstung: Feste Schuhe, ggf. kleines Handtuch zum Trocknen der Füße.

GIPFEL MIT DAME

... wandernd am Predigtstuhl

#33

»Der Weg ist das Ziel« – ein Lebensmotto wie geschaffen fürs Wandern. Und wie gemacht, um es mal auf den Kopf zu stellen. Dann nämlich, wenn das Wanderziel der Predigtstuhl ist. Genauer: die Kaffeeterrasse des dortigen Bergrestaurants.

Natürlich lässt sich am Hausberg von Bad Reichenhall das Wandern wunderbar predigen. Denn zwischen mindestens sechs Wegen auf den Predigtstuhl kann man wählen – die sind in jedem Fall aussichtsreich, mitunter atemberaubend. Dann wäre aber nur die halbe Wahrheit erzählt. Wissen darf man nämlich ruhig auch, dass sich die mehr als 1100 Meter Höhendifferenz aus dem Tal heraus ganz gemütlich mit der Bergbahn angehen lassen. Und dass sich oben zur Krönung eine Kaffeeterrasse mit Panoramablick an den Berg schmiegt, wie gemacht, um jedes Aktivsein zu vergessen und einfach nur zu schauen und zu genießen.

Genuss – genau der spielte auch 1928 eine tragende Rolle, als die Seilbahn und das Restaurant samt Hotel am Predigtstuhl eingeweiht wurden. Dem anspruchsvollen Kurpublikum, das einst oft mehrere Wochen oder gar Monate mondän in Bad Reichenhall residierte, sollte es an nichts fehlen. Und so hielten Eleganz und Bequemlichkeit Einzug am Predigtstuhl. Gebaut wurde die Seilbahn ganz im Stil der

Hin & weg: Bei Wandervariante: Bahn bis Bayerisch Gmain; bei Bergbahnvariante: Bahn bis Bad Reichenhall-Kirchberg.

Dauer & Strecke: Egal wie und was man macht – am besten einfach einen Tag einplanen. Die ausgewiesenen 5 Std. für den Aufstieg sind großzügig bemessen; gut 1100 hm. Für die Gipfelrunde braucht es etwa 2 Std. ab Bergbahn; ca. 5 km / 250 hm.

Beste Zeit: Fürs Wandern im Sommerhalbjahr. Die Bahn fährt ganzjährig und ein Spaziergang ist natürlich immer drin. Mehr unter www.predigtstuhlbahn.de

Ausrüstung: Feste Bergschuhe fürs Wandern.

Und wie genau soll's auf den Berg gehen? Zwei denkmalgeschützte Kabinen der Predigtstuhlbahn, die als schwebende »gläserne Pavillons« designt wurden, gondeln in der Saison hin und her. Alternativ zu Fuß mit vielen kleinen Schätzen am Wegesrand.

Neuen Sachlichkeit mit weithin sichtbaren Monumentalstützen und zwölfeckigen Kabinen, die als schwebende »gläserne Pavillons« designt wurden und nach wie vor ein Erlebnis für sich sind.

Heute gilt die Predigtstuhlbahn als die älteste im Original erhaltene Großkabinenseilbahn der Welt. Respektvoll zärtlich wird ihr gern der Titel »Grande Dame der Alpen« zuteil, und schon längst ist sie als einzige Seilbahn überhaupt denkmalgeschützt. Genau wie das gesamte Gebäudeensemble, in dem sich bestens dem Charme vergangener Epochen erliegen lässt. Und wer nun doch wandern mag? Ein steiler, felsiger Weg führt von Norden aus Bayerisch Gmain über den Toni-Michl-Steig auf den Dreisesselberg. Von dort über den Karkopf und Hochschlegel zum Predigtstuhl. Dieser mittelschwere, rot gekennzeichnete Weg wirkt mit seinem hochalpinen Charakter fast so, als wäre man bereits viel weiter drin in den Berchtesgadener Alpen. Will man nur am Gipfel wandern, dann darf das Schleifen-

drehen über den Karkopf durchaus als alpine Rundtour gelten. Besonders aussichtsreich ist dabei das Überschreiten vom Karkopf entlang des Bergkamms nach Süden. Auch hier, ebenso wie beim beschriebenen Talaufstieg, sollten Trittsicherheit und Bergerfahrung dabei sein.

Tipp: Eine Viertelstunde von der Bergstation der Predigtstuhlbahn entfernt und für jeden, auch ohne alpine Wanderambitionen, erreichbar liegt die Schleglmulde samt uriger Almhütte. Schlechtes Wetter wünscht man sich dort fast, denn im gemütlichen Gastraum bullert ein großer Ofen. Perfekt für den Winter!

ALLES GEHT, NICHTS MUSS

... auf die Kampenwand kraxeln

#34

Die Kampenwand zählt zu den ganz klassischen Wanderzielen der Bayerischen Alpen. Zunächst geht's gemütlich bis zur Steinling-Alm. Bis zum Gipfel schließen sich 200 steile und felsige Höhenmeter an, die hervorragend geeignet sind, wenn es das erste Mal an den Felsen gehen soll.

#Hausberg #Fels #Klassiker #tolleAussicht

Der Fairness halber eines ganz unumwunden vorneweg. Nicht zuletzt durch die leichte Erreichbarkeit dank Bergbahn wird es an schönen Tagen auf der Kampenwand schnell verdammt voll. Dem attraktiven Aussichtsgipfel deshalb auf immer und ewig fern zu bleiben, wäre aber eine wirklich schlechte Entscheidung.

Für die Chiemgauer und auch für viele Münchner zählt der 1669 Meter hohe Felszacken zu den Hausbergen. Was die Kampenwand auszeichnet? Sie ist ideal, um ein wenig Höhenluft zu schnuppern. Ein sachter, unproblematischer Aufstieg führt durch den Wald und über die Wiesen, den krönenden Abschluss bietet der Gipfel, der bei passender Wetterlage einer attraktiven Aussichtsloge gleicht. Und dann wartet auch noch eine bewirtschaftete Almhütte. Alles in allem eine ziemlich gelungene Kombination, um einige erholsame Stunden in der Natur zu verbringen.

Der vielleicht größte Pluspunkt des beliebten Chiemgauer Wanderklassikers: Alles geht, nichts muss. Der Gipfelanstieg eignet sich auch für jene, die überhaupt zum ersten Mal

---

Hin & weg: Viele Wege führen auf die Kampenwand. Eine empfehlenswerte, mittelschwere und mittellange Variante startet am Parkplatz Aigen. Die ÖPNV-Variante vom Bahnhof Aschau ist ungleich überlaufener. Von dort geht auch die Bergbahn ab.

Dauer & Strecke: 5 Std. (hin und zurück), ca. 800 hm/9 km (Gesamtweg).

Beste Zeit: Frühsommer bis Herbst. Wer kann, sollte auf Nebenzeiten ausweichen.

Ausrüstung: Feste Schuhe, ggf. Gipfelbrotzeit.

Der Name der Kampenwand kommt nicht von ungefähr:
Der Gipfelgrat erinnert an den Kamm eines Hahns,
gezackt und weithin sichtbar.

und ganz vorsichtig auf Tuchfühlung mit dem
Fels gehen wollen. Und wem es auf den fina-
len, felsigen 200 Höhenmetern doch zu viel
wird, der kann jederzeit wieder umkehren und
auf der Steinling-Alm schon mal was zu trinken bestellen.

Wer Trittsicherheit mitbringt und oberhalb
der Almhütte in den Fels einsteigt, darf sich
jedenfalls auf überraschend spektakuläre
Schlussmeter freuen. Eingeengt zwischen
Felsbrocken und steilen Wänden nimmt man
für das Fortkommen jetzt schon mal hier und
da die Hände zum Ausbalancieren zur Hilfe,
zwängt sich Schritt für Schritt weiter, durch-
schreitet die sogenannten Kaisersäle, greift
alsbald für einige Meter in die Seilversicherung und kann kurze Zeit später das ganz große Gipfelglück genießen.

Kampenwand-Trivia: Gekrönt wird der Haupt-
gipfel von einem zwölf Meter hohen Kreuz
– was es zum größten Bergkreuz in den Bayerischen Alpen macht.

**FAZIT: EINE MITTELSCHWERE WANDERUNG
MIT GROSSARTIGEM FINALE. NICHT UM-
SONST EIN KLASSIKER IN DEN BAYERI-
SCHEN ALPEN.**

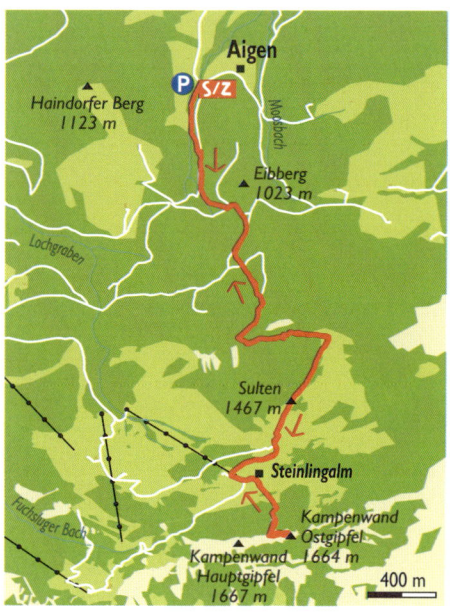

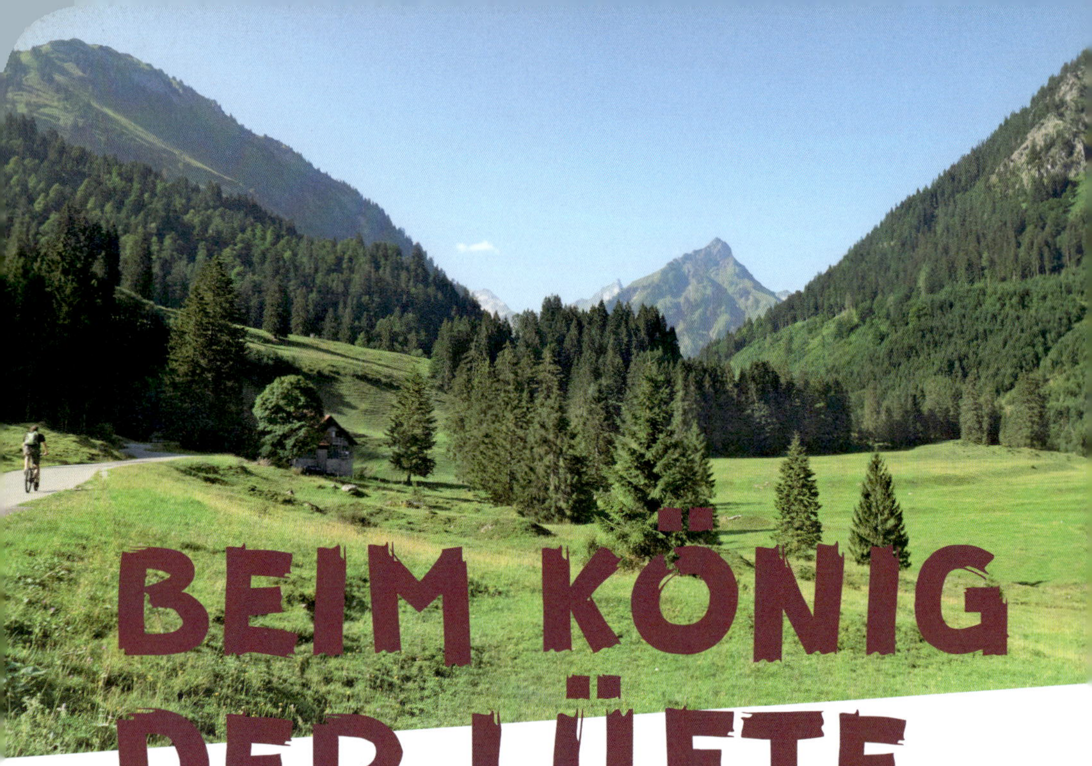

BEIM KÖNIG DER LÜFTE

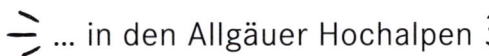

… in den Allgäuer Hochalpen

#35

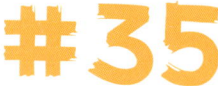

Sich in Hinterstein aufs Rad zu schwingen, ist vielleicht die empfehlenswerteste Variante, um zum zehn Kilometer entfernten Giebelhaus zu gelangen. Die dortigen Wiesen und Berghänge gelten nicht nur als Hotspot der Allgäuer Murmeltiere, sondern sie sind auch das Revier von Steinadlern.

#Hochalpen #HintersteinerTal #Steinadler #Murmeltier

Steinadler suchen, Murmeltiere finden - in den Allgäuer Hochalpen durchaus normal.

Näherte man sich dem Giebelhaus unbedarft aus Richtung Hinterstein, nähme man den namengebenden Berg dahinter wohl kaum wahr. Denn auf dem Weg in die Allgäuer Hochalpen sind es ganz andere Gipfel als der gerade mal 1959 Meter hohe Giebel, die meiste Aufmerksamkeit auf sich ziehen.

Der Giebel ist ein typischer Allgäuer Grasberg mit langen, grünen Flanken. Offizielle markierte Wege sucht man vergebens; die Nordwand fällt steil ab und ist selbst von Erfahrenen nur mühsam zu durchklettern. Rund um diesen Berg nun ist einer der idealsten Spots in Deutschland, um Steinadler zu beobachten – ganz einfach und vom Talboden aus.

Ein paar Meter vom bewirtschafteten Giebelhaus entfernt steht die kleine wettergegerbte Adlerhütte. Sie beherbergt die Infostation des

In den Tälern rund um den Giebel lässt sich in den Sommermonaten in mehreren gemütlichen Alpenhütten auf Kuchen, Suppe oder eine Brotzeit einkehren.

Landesbunds für Vogelschutz und vermittelt in einer Ausstellung die wichtigsten Fakten rund um den König der Lüfte, der in Europa einst weit verbreitet war, lange systematisch verfolgt wurde und heute fast nur noch in den europäischen Gebirgen zu finden ist. Seit Anfang der 1970er-Jahre hat sich der Steinadlerbestand zwar erholt, ist in Deutschland aber weiter stark gefährdet. In den Alpen zwischen Berchtesgaden und Oberstdorf leben derzeit 45 Adlerpärchen, allein elf davon im Oberallgäu. Das in der Giebelnordwand brütende Steinadlerpaar gilt als eines der erfolgreichsten, was den Nachwuchs anbelangt. Ihm ist es in den letzten Jahren gelungen, jeweils zwei Jungvögel großzuziehen.

Mit etwas Glück lassen sich die Adler bereits mit bloßem Auge am Himmel ausmachen.

Wegen ihrer Flügelspannweite, die mehr als zwei Meter betragen kann, ist das ein imposantes Schauspiel. Noch ergiebiger sind die Beobachtungen, wenn man ein Fernglas eingepackt hat. Oder wenn man einen Blick durch eines der Spektive werfen darf, die die Ehrenamtlichen aus der Adlerhütte häufig

Hin & weg: Vom Parkplatz am Dorfende von Hinterstein lässt sich der Bus zum Giebelhaus nehmen. Oder das eigene Fahrrad. Die Straße ist für den öffentlichen Verkehr gesperrt. Zu Fuß sind es – oft entlang der Fahrstraße – etwa 2,5 Std.

Dauer & Strecke: 1 Tag einplanen, ca. 10 km vom Parkplatz bis zum Giebelhaus.

Beste Zeit: Mai (Horst mit Nachwuchs) bis September. Öffnungszeiten auf www.giebelhaus.de

Ausrüstung: Dem Wetter angepasste Kleidung.

Den sprichwörtlichen Adlerblick gibt's dank leistungsstarker Spektive, ausgerichtet auf die Felswand, wo der König der Lüfte vom Flug pausiert.

aufgebaut haben. Für weitere Beobachtungen bieten sich zwei Wege an: Rechts führt einer ins Obertal bis zur Alpe Laufbichl oder weiter hinauf zur Alpe Plättele. Oder nach links ins Bärgündeletal, wo man an elf Naturlehrpfadstationen ebenfalls Wissenswertes über Steinadler erfährt.

Tipp: Von Mai bis September lädt der Landesbund für Vogelschutz (LBV) immer samstags zu geführten Steinadlerwanderungen ein (www.allgaeuer-hochalpen.de). Diese gehen in eines der beiden Täler. Die fachkundigen Begleiter kennen das Steinadlerrevier wie ihre Westentasche, wissen, wo die Chancen besonders groß sind, die Adler auszumachen, und können die imposanten Greifvögel mithilfe leistungsstarker Spektive auch unterwegs besonders nah heranholen.

FAZIT: DIE ESKAPADE VERDIENT DAS PRÄDIKAT »BESONDERS EINDRUCKSVOLL«.

KLETTER-STEIG UND KÄSE-KUCHEN

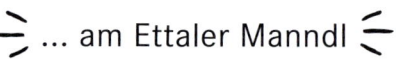 ... am Ettaler Manndl

 **#36**

Wie ließe sich eine kurze, einfache Wanderung mit einem anregenden Klettersteig-Finale auf einen aussichtsreichen Gipfel verbinden? Die Ammergauer-Alpen-Antwort darauf gibt's am Ettaler Manndl.

Bloß keine Verniedlichung: Der Kletter-
steig am Ettaler Manndl ist kurz, aber
nicht zu unterschätzen. Am besten bei
trockenem Wetter begehen

Wenn sich nicht gerade Wolken an ihm fest-
klammern, ist das Ettaler Manndl schon von
Weitem deutlich auszumachen. Von Norden
her am Ende der A95 wird's fürs Auge eng:
Geradeaus stellt sich das Wettersteingebirge
in den Weg, links schaut man in das steile, ab-
weisende Kistenkar hinein und rechts lugt ein
Felszahn aus dem Wald empor – Ziel der Wan-
der- und kleinen, feinen Klettersteig-Begierde.

Das Ettaler Manndl ist verhältnismäßig schnell
erreicht und trotz seiner kaum mehr als 1600

Meter Höhe ein wirklich fantastischer Aussichtsgipfel. Als Halbtagestour beliebt bei
Bergsteigern, lässt sich mit etwas Zeit und
Muße der Ausflug leicht auf einen ganzen Tag
verlängern, wenn man ganz zum Schluss noch
im Kloster vorbeischaut.

Doch erst mal zum Ettaler Manndl, Am Parkplatz an der östlichen Klostermauer geht es
los. Zunächst nur leicht ansteigend und dann
doch immer schneller an Höhe gewinnend
zieht sich dieser Weg in vielen Kehren durch

Seit dem Frühsommer 2018 ist die alte, schwere Eisenkette am Ettler Manndl passé – jetzt gibt's eine zeitgemäße Klettersteigsicherung. Barocke Pracht wie eh und je derweil im Kloster Ettal.

den Wald. Nach etwa zwei Stunden und 800 Höhenmetern kommt der Gipfel in Sicht.

Ziemlich abrupt ändert sich dort die Szenerie und man steht vor einem reichlich steilen bis senkrechten Felsaufschwung. Schon auf den ersten, noch recht einfach zu bewältigenden Metern ist eine Klettersteigsicherung eingerichtet. Wer hier Schwierigkeiten bekommt, kann – statt sich weiter den Steig emporzuquälen – rechter Hand auf einem kleinen Absatz Pause machen, eine Kleinigkeit essen und das Auf und Ab der anderen verfolgen. Denn das Ettaler Manndl ist beliebt und allein ist man hier nur recht selten. Die Gipfelkraxelei ist schon nach wenigen Minuten erledigt. Von oben eröffnet sich ein wunderbarer Blick – in die Ammergauer Alpen, hinüber ins Estergebirge und ins Alpenvorland.

Mindestens genauso wichtig wie ein hübscher Gipfel ist etwas zu essen. Zurück in Ettal lässt sich die Ettaler-Manndl-Tour exzellent mit einem Stück Kuchen beschließen. Gleich neben dem Kloster und oberhalb vom Parkplatz befindet sich die Schaukäserei Ammergauer Alpen. Genossenschaftlich organisiert werden hier täglich etwa 3000 Liter Milch von knapp

Hin & weg: Bahn bis Oberau bzw. Oberammergau, von dort fährt der Bus nach Ettal. Ansonsten mit dem Auto.

Dauer & Strecke: 4 Std., 700 hm für Auf- und Abstieg. Plus Pausen, Abschlusskuchen und vielleicht noch einen Abstecher ins Kloster.

Beste Zeit: Den Gipfelaufschwung bei trockenem Wetter angehen.

Ausrüstung: Bergklamotten, evtl. Klettersteigset.

Manndl-Gipfeltreffen: Was lässig aussieht, ist dann doch eher Könnern und Profis wie Steve Pucker und Lukas Irmler (auf der Highline) vorbehalten.

40 Bauernhöfen aus Ettal und den Nachbargemeinden verarbeitet. Für daheim kann man neben wechselnden Käsesorten auch Milch, Joghurt und Quark kaufen. Doch erst mal ist es am schönsten auf dem kleinen Balkon bei einem Stück ... ja klar: Käsekuchen!

Tipp: Am Gipfel sehr überlegt unterwegs sein. Wer nicht absolut trittsicher und schwindelfrei ist, legt ein Klettersteigset an! Mitunter sehr speckige Stellen; bei Nässe nur mit größter Vorsicht zu begehen.

FAZIT: WER MAL EINEN HAUCH VON KLETTERSTEIGGEFÜHL ERHASCHEN MÖCHTE, KANN SICH AM ETTALER MANNDL BESTENS ERPROBEN

WINTER-TRIPLE

 ... zwischen Zauberwald und Klausbachtal

 **#37**

Zauberwald. Hintersee. Klausbachtal. Genau genommen ist jedes für sich ein Highlight und Grund genug für einen eigenen Besuch. Weil sie aber exzellent eng beieinanderliegen, bietet sich ein ausgedehnter Tag hervorragend an, um sie als Wintertriple zu erkunden.

Manche Landschaften wirken wie aus einem Märchenfilm. Der Zauberwald gehört zweifelsohne in diese Kategorie: riesige, in die Landschaft geschleuderte Felsbrocken, dazu ein Flüsschen, das sich seinen Weg durch das Gesteinswirrwarr bahnt. Der Wald entstand, als vor 3500 bis 4000 Jahren ein großer Felssturz vom Hochkaltermassiv ins Tal donnerte und die Ramsauer Ache zum Hintersee aufstaute. Heute wirkt hier alles wie verwunschen. Mit Bäumen zugewachsen, vermoost und im Winter mit hohen Hauben aus Schnee geschmückt.

Den Hintersee kann man später am besten von Norden her umrunden. Ganz nebenbei versteht man bei dieser Gelegenheit, warum sich, ganz in der Tradition der früheren Landschaftsmaler, heute so viele Fotografen an dem See abarbeiten. Und tatsächlich wird es voller als zuvor im Wald. Nochmals ein paar

Schritte später ließe sich südlich des Hintersees im Gasthof Auzinger (www.auzinger.de) einkehren. Oder man hebt sich diesen Stopp in der gemütlichen Stube für den Rückweg auf. Darüber, wie dieses Votum ausfällt, entscheidet wahrscheinlich ein Blick auf die Uhr. Zwischen halb und um zwei wird im Klausbachtal nämlich das dort frei lebende Rotwild gefüttert. Um zu erleben, wie dazu mehr als 50 Hirsche mit Bedacht aus dem steilen Wald eines 45 Hektar großen Geländes zu den Fut-

Hin & weg: Mit dem Bus bis Ramsau, Haltestelle Oberwirt. Zurück aus Hintersee, Haltestelle Auzinger.

Dauer & Strecke: Ein Tag. Von Ramsau zur Wildtierfütterung 8 km, komplette Runde 20 km.

Beste Zeit: Ganzjährig. Für die Wildtierfütterung ab dem ersten Schnee.

Ausrüstung: Im Winter warme, griffige Winterschuhe.

Manndl-Gipfeltreffen: Was lässig aussieht, ist dann doch eher Könnern und Profis wie Steve Pucker und Lukas Irmler (auf der Highline) vorbehalten.

40 Bauernhöfen aus Ettal und den Nachbargemeinden verarbeitet. Für daheim kann man neben wechselnden Käsesorten auch Milch, Joghurt und Quark kaufen. Doch erst mal ist es am schönsten auf dem kleinen Balkon bei einem Stück ... ja klar: Käsekuchen!

Tipp: Am Gipfel sehr überlegt unterwegs sein. Wer nicht absolut trittsicher und schwindelfrei ist, legt ein Klettersteigset an! Mitunter sehr speckige Stellen; bei Nässe nur mit größter Vorsicht zu begehen.

FAZIT: WER MAL EINEN HAUCH VON KLETTERSTEIGGEFÜHL ERHASCHEN MÖCHTE, KANN SICH AM ETTALER MANNDL BESTENS ERPROBEN

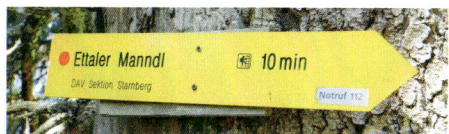

Zauberwald, Hintersee, Hirschfütterung – die Draußen-Möglichkeiten scheinen selbst im Winter endlos. Wer bei dieser Runde noch mehr auslüften mag, spaziert bis zur Hängebrücke im Klausbachtal.

terstellen kommen, sollte man etwa 45 Minuten Wegzeit einplanen. Damit sich die Tiere an den Futterstellen nicht gestört fühlen, sind die Menschen mittels eines Zauns großzügig ausgesperrt. Von einer hölzernen Aussichtsplattform lassen sich die Hirsche aber gut in aller Ruhe beobachten.

Wenn man jetzt noch nicht genug hat, kann man hinter der Wildfütterungsstelle je nach Schneelage weiter ins Klausbachtal hineinlaufen. Ein hübscher Ziel- und Wendepunkt ist die große Hängebrücke. Zurücklaufen lässt sich, falls von einem Ortskundigen der Pfad schon eingetreten wurde, unterhalb der

Straße zum Hirschbichlklausgraben hin. Zum Schluss noch in das Klausbachhaus schauen, das als Nationalpark-Infostelle eingerichtet ist. Zurück Richtung Ramsau geht es ab der Bushaltestelle am Hintersee.

FAZIT: EIN – ZWEI – DREI – VIELE HIGH-LIGHTS AN EINEM TAG.

IM SCHNEE-LOCH

 ... Langlaufen auf der Drei-Seen-Loipe

#38

Warum Winterenthusiasten strahlende Augen bekommen, wenn sie auf Schnee-löcher zu sprechen kommen, begreift man spätestens, wenn man in einem solchen steht. Oder eben dort langläuft. Wie im südlichsten Chiemgau zwischen Ruhpolding und Reit im Winkl.

Das Allerbeste vorneweg: Auch wenn der Spitzensport im nahe gelegenen Ruhpoldinger Biathlonzentrum durchaus auf das Gegenteil schließen ließe – entlang des Talbodens hinüber nach Reit im Winkl muss man nicht annähernd ein Profi sein, um ein paar Stunden oder einen ganzen Tag auf den schmalen Langlauflatten auszulüften.

Das hier ist also ein Schneeloch, ein Gebiet, dem sein Mikroklima vermehrten Schneefall beschert. Zurückzuführen ist das Phänomen auf etwas, das im Meteorologenjargon »Kältesee« heißt. Bodennah gebildete Kaltluft sackt in Mulden und Täler und bleibt dort gewissermaßen gefangen. Beste Bedingungen, um ein bisschen mehr Wintergefühl als anderswo abzubekommen. Bis weit in den März hinein macht sich das bemerkbar. Selbst wenige Kilometer vor dem Startpunkt in die Loipe lässt

sich zwischen Frühlingsgefühlen und ergrünenden Wiesen nicht ansatzweise erahnen, dass in nächster Nähe der Winter noch längst nicht vorbei ist.

Eindrucksvoll kommt das Tal zwischen Ruhpolding und Reit im Winkl daher, denn zu beiden Seiten überragen es die Chiemgauer Gipfel um bis zu 900 Meter. Gleichzeitig gibt es sich lieblich, denn es ist flach, mit Wäldchen und

Hin & weg: Auto bis Seehaus. Auch der Bus zwischen Ruhpolding und Reit im Winkl fährt ziemlich oft.

Dauer & Strecke: ... darüber entscheidet der Langlaufstil, 12 km.

Beste Zeit: Oft noch, wenn woanders gar nichts mehr geht ...

Ausrüstung: Langlaufski. Klassisch, Skating oder Nordic Cruising.

Für das Quäntchen Unabhängigkeit eine Brotzeit in den Rucksack gepackt und den idealen Pausenspot gesucht.

offenen Flächen, die einander abwechseln. So ergibt sich ein ideales Terrain für Langlaufneulinge wie -genießer.

Ein günstiger Ausgangspunkt ist Seehaus, ein paar Kilometer südlich von Ruhpolding. Hier hält der Bus und rechterhand befindet sich neben dem Gasthaus ein großer Parkplatz. Der Einstieg in die Loipe ist nicht zu verfehlen, auch der Verlauf ist ziemlich selbsterklärend: am Förchensee entlang und nach kurzer Zeit die Straßenseite wechseln. Durch ein kleines Wäldchen, das zum Löden- und Mittersee führt. An Letzterem hat mit etwas Glück die Mitterseehütte geöffnet, auf deren Terrasse bei einer heißen Schokolade oder einem kühlen Bier die Pause schon mal etwas länger ausfallen kann.

Später, am südwestlichen Ende des Mittersees, hat man dann die Wahl: Entweder biegt man zurück Richtung Seehaus ab oder man nimmt noch einen Schlenker zum Weitsee mit. Dafür geht es etwa 60 Höhenmeter bergauf in

den Wald hinein und – auch zu Anfängern recht gutmütig – alsbald wieder hinab zum See.

Tipp: Zum Leihen von Langlaufausrüstung oder für einen Kurs vorher bei der Langlauf- und Skatingschule Ruhpolding (www. langlaufschule-ruhpolding.de) vorbeischauen. Die befindet sich direkt an der Ruhpoldinger Ampelkreuzung. Und für den süßen Zahn gibt es gegenüber im leicht antiquierten Ambiente des Kur-Cafés köstliche Kuchen und Torten (www.ruhpolding-kurcafe.de).

FAZIT: WENN SICH »LANGLAUF« AUF »SCHNEESICHER« UND »LANDSCHAFTLICH ZAUBERHAFT« REIMEN SOLL, GIBT ES EIGENTLICH KEIN VORBEI AM DREI-SEEN-GEBIET.

NATUR FEIERN

 ... beim Kunstspaziergang in Kochel ⫤

#39

Eine ausgiebige Runde an der frischen Luft? Oder doch lieber ins Museum? Die etwas vertrackte Frage, die sich gern mal an (Winter-)Wochenenden stellt, ist in Kochel recht leicht mit einer anderen Frage zu beantworten: warum nicht einfach beides?

#Kochelsee #FranzMarc #HockenimSchnee #Museum #Panoramafenster

Bester Blick auf Kochel: Auf
der Kohlleiten entstand auch
Franz Marcs Gemälde »Zwei
Frauen am Berg«.

Kultur oder Natur? Drinnen oder draußen? Entweder ... oder? Gut, dass es Orte wie Kochel gibt, an denen die Entscheidung recht simpel ist. Denn genau genommen ist hier das eine schlicht die Konsequenz des anderen.

Kochel war zu Beginn des 20. Jahrhunderts Rückzugs- und Inspirationsort von Franz Marc, einem der bedeutendsten Maler des Expressionismus in Deutschland und Mitbegründer der Künstlergemeinschaft Der Blaue Reiter. Noch heute wirkt Kochel recht beschaulich

und ruhig – mal abgesehen von den vielen Autofahrern, die an schönen Tagen regelmäßig durch den Ort und hinauf auf die kurvige Kesselbergstraße kutschieren. Die für diese Eskapade an und für sich »richtige« Anreise ist die mit dem Zug. Denn schon zu Franz Marcs Zeiten war es dank der Bahn leicht, das Blaue Land zu erreichen. Heute sind die Züge so eng und gleichmäßig getaktet, dass sich allzu genaue Planungen erübrigen und man einfach ankommen und sich treiben lassen kann.

Schlendert man vom Bahnhof hinüber ins Fischerviertel und weiter hinunter zum See, findet man sich in genau der Landschaft wieder, die Franz Marc in vielen seiner Bilder verewigt hat. Als Winterspaziergang ist es natürlich bei Schnee am schönsten – ähnlich wie auf dem Gemälde »Hocken im Schnee«, auf dem die Heuhaufen intensiv in Rot, Grün und Orange mitten in der weißen Landschaft und vor dem tief hängenden Winterhimmel leuchten. Andere – sommerliche – Motive wie zum Beispiel die »Flatternde Wäsche im Wind« oder die »Lesende Frau im Grünen« sind bei Minusgraden wiederum nur mit viel Fantasie vorstellbar.

Vom See sind es dann auch nur ein paar Schritte bis zum Franz Marc Museum. Der 2008 eingeweihte kubische und zunächst recht streng wirkende Museumsneubau be-

herbergt auf drei Etagen kleine Kabinette und große Säle, in denen vor allem bekannte Kunstwerke von Franz Marc und vom Blauen Reiter zu sehen sind. Regelmäßig finden auch hochkarätige Leihgaben aus der ganzen Welt ihren Weg nach Kochel.

Und dann wäre da noch der Panoramaraum, der einen grandiosen Blick auf den Kochelsee und die Gipfel von Herzogstand und Heimgar-

Hin & weg: Bahn bis Kochel. Mit dem Auto entweder am Bahnhof parken oder direkt am Museum.

Dauer & Strecke: Inkl. Museumsbesuch am besten einen Tag. 2–2,5 Std. reine Gehzeit, etwa 7 km.

Beste Zeit: Ganzjährig möglich. Öffnungszeiten auf www.franz-marc-museum.de

Ausrüstung: Warme, bequeme Schuhe für den winterlichen Kunstspaziergang.

Der Rundweg führt über Aussichtshügel und direkt am See entlang. Er geht durch die Dorfmitte und auch vorbei am Friedhof von Kochel mit dem Grab von Franz Marc.

ten zulässt. Er ist frei von Kunst und hervorragend zum In-die-Landschaft-Schauen und Über-die-Welt-Nachdenken geeignet. Näher als in diesem wunderbaren Raum kann man sich drinnen wohl kaum dem Draußen fühlen.

Genug geschaut? Ein Abstecher in den alten Gebäudeteil des Museums wäre noch drin. Dort nämlich ist das gemütliche Museumscafé eingerichtet, und eine heiße Schokolade kommt gerade recht, bevor man sich an den Rückweg zum Bahnhof macht. Auf direktem Weg ginge es zwar in kaum mehr als einer Viertelstunde zurück, doch empfehlenswerter ist ein Schlenker über den Panoramaweg, der direkt hinter dem Museum beginnt und durch den kleinen Skulpturenpark hinauf auf den Rothenberg führt. Von dort geht es noch hinüber zu einem zweiten hübschen Aussichtshügel, der Kohlleiten.

> **FAZIT: ENTSPANNTER WINTERSPAZIER-GANG, BEI DEM DRINNEN UND DRAUSSEN WUNDERBAR INEINANDERGREIFEN.**

SPUREN-
LESEN IM
SCHNEE

 ... entlang der Halbammer

 **#40**

*Ganze Geschichten erzählt der Winter-
wald. Wenn man ihn zu verstehen weiß.
Zum Spurenlesen warte man darauf, dass
etwas Neuschnee gefallen ist und begebe
sich am nächsten sonnigen Wintertag auf
stille Waldwege.*

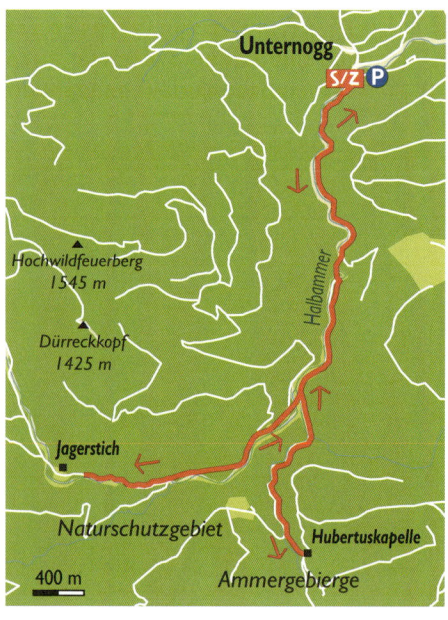

Wer war hier? Und warum? Diesen Fragen lässt sich im Winter mit nahezu kriminalistischem Gespür nachgehen. Der große Vorteil dieser Jahreszeit: Die vielfältigen Spuren der Waldbewohner lassen sich, sofern Schnee liegt, viel besser lesen als im Sommer, und auch wenn weit und breit überhaupt keine Tiere auszumachen sind, erzählen die Spuren von ihrer Anwesenheit.

Die beste Zeit? Ein klarer Wintertag, nachdem es geschneit hat. Rehe, Füchse, Hasen ... ein jedes Tier ist dann besonders gut an seiner typischen Fährte zu erkennen. Der Fuchs zum Beispiel schnürt seine Spur in den Schnee. Eine der sicher markantesten Spuren hinterlässt wiederum der Hase: Die größeren Hinterpfoten sind vorne nebeneinander in den Schnee gedrückt, dahinter

An der Halbammer geben sich die Ammergauer Alpen im Winter von ihrer ganz besonders stillen und abgelegenen Seite. Die Schneekristalle glitzern in den Bäumen und auf dem Boden sind die Spuren der Waldbewohner zu erkennen.

kommen die Vorderpfoten - eine nach der anderen. Genau betrachtet bilden die Abdrücke der Pfoten ein Ypsilon.

Derartige Trittsiegel sind längst nicht alles. Fell, das sich an einer Baumrinde verfangen hat, aber auch Fraßspuren und Kot geben erstklassige Auskunft darüber, welches Tier hier vor ein paar Tagen, Stunden oder auch erst vor Kurzem über den Weg gelaufen ist.

Ganz so einfach ist es dann aber doch wieder nicht. Insbesondere die Trittsiegel lassen sich nicht immer zweifelsfrei entschlüsseln. Im lockeren Pulverschnee wirken sie häufig klein und undeutlich, sehr deutlich und groß treten sie hingegen im nassen Firn hervor. Bei Tauwetter werden die Spuren wiederum größer und undeutlicher – Verwechslungen sind so durchaus vorprogrammiert.

Und weil es auch bei Idealbedingungen den einen oder anderen Spurenzweifel geben kann, haben ambitionierte Spurenleser im Idealfall ein Lineal oder zumindest ein Geldstück dabei. Das neben die Spur gelegt und zusammen abfotografiert. Später daheim lässt sich dann ganz gemütlich auf dem Sofa im Bestimmungsbuch blättern und die Spur dem richtigen Tier zuordnen.

Die Wegfindung ist an diesem Tag denkbar einfach: vom Parkplatz dem geräumten Fahrweg flussaufwärts und über diverse Brücken folgen. Die Halbammer schlängelt sich ein paar Kilometer durch die Ammergauer Berge, die hier kaum noch mehr als bewaldete Buckel sind. Erst wenn sich das Tal weitet,

muss man sich vor einer weiteren Brücke an einer Weggabelung entscheiden. Links geht es noch weiter bis zur kleinen Hubertuskapelle und zur Jagdhütte Beim Wilden Jäger; rechts kommt hinter der Brücke eine kleine Hütte in Sicht, vor der sich sonnenverwöhnt recht gut pausieren lässt. Danach ist es noch ein Stück, bis dieser Weg – zumindest im Winter – am Schlagbaum einer Wildruhezone endet. Mit etwas Muße erkundet man einfach beide Varianten.

Tipp: Wer bei einem ersten Fährtenlesen gern in fachkundiger Begleitung unterwegs wäre, wendet sich an Markus Gerum (www.naturerlebnis-ammertal.de). Der gebürtige Oberammergauer ist einer der versiertesten Naturkenner der Region.

Hin & weg: Mit dem Auto bis zum Wanderparkplatz hinter dem Forsthaus Unternogg. Oder, wem es dafür an kurzen Wintertagen nicht zu knapp wird, mit der Bahn bis Saulgrub. Von dort 4 km bis zum Ausgangspunkt.

Dauer & Strecke: 4–5 Std. plus Pausen, ca. 14 km.

Beste Zeit: Januar, Februar.

Ausrüstung: Heißes Getränk, etwas zu essen.

3. KAPITEL
MINIURLAUB

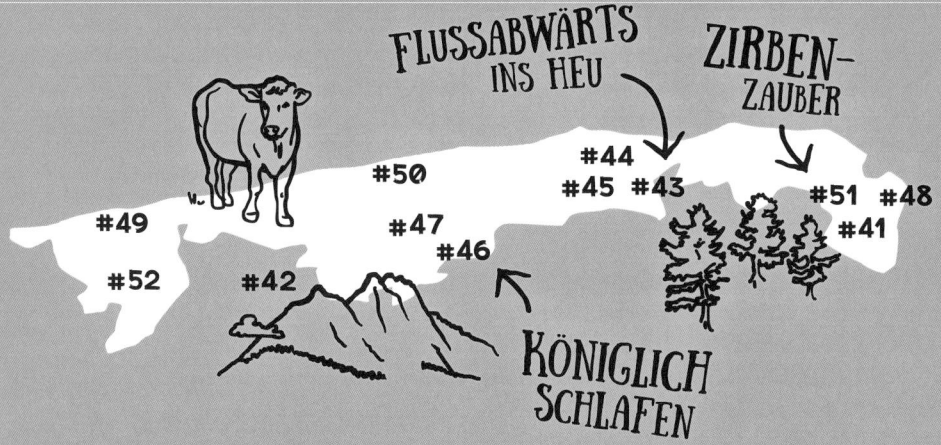

FLUSSABWÄRTS INS HEU

ZIRBEN-ZAUBER

#50

#44
#45 #43

#51 #48
#41

#49

#47
#46

#52

#42

KÖNIGLICH SCHLAFEN

Ferien für ein Wochenende

Der unendliche Sternenhimmel hoch über den Bergen und am nächsten Morgen die Sonne aufgehen sehen. Was gibt es Schöneres, als ausgiebig in die Natur einzutauchen?

36 H

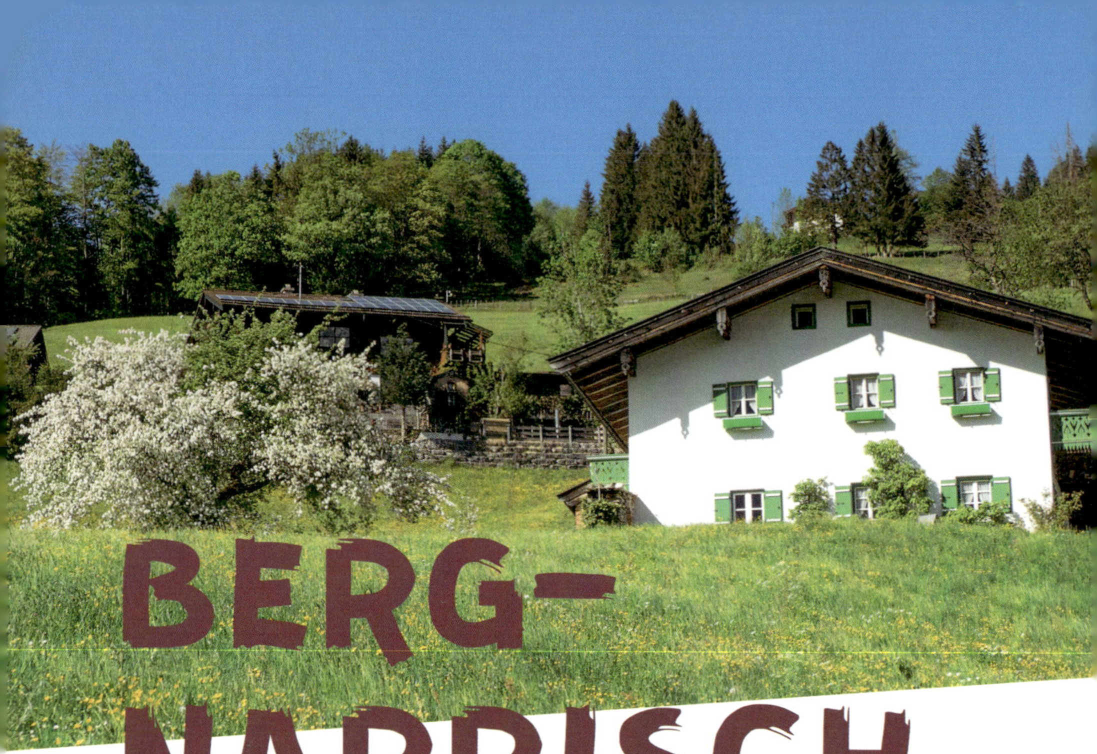

BERG-NARRISCH

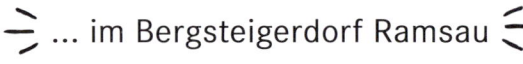

... im Bergsteigerdorf Ramsau

#41

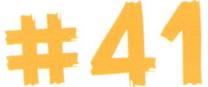

Es muss ja nicht gleich die Watzmannüberschreitung sein! Doch ein wenig bergnarrisch ist sicher nahezu jeder, der ins Bergsteigerdorf Ramsau kommt. Spätestens bei der Abreise. Wen wundert's – bei dieser fantastischen Umgebung?

#Bergsteigerdorf #tollerBlick #Kirchen #Kennenlernrunde

Blicke, die schon die Landschaftsmaler des 19. Jahrhunderts
bevorzugt festhielten.

In Anbetracht der markanten Massive von Watzmann, Hochkalter und Reiter Alm, die rund um Ramsau in den Himmel ragen, lie-ße sich unter Umständen schon ins Grübeln kommen, ob man hier überhaupt richtig ist, wenn man nicht mindestens ausgesprochen schwindelfrei und trittsicher ist. Noch dazu, seit der Deutsche Alpenverein 2015 Ramsau als erste deutsche Gemeinde in den Stand ei-nes Bergsteigerdorfs erhob.

Bergsteigerdorf – das Konzept kam mit der Ernennung Ramsaus von Österreich nach Deutschland rüber und ist allmählich auch hierzulande bekannter. Die Idee dahinter ist simpel: Statt auf intensiven Massentouris-mus mit Après-Ski und Event-Spektakel setzt man auf nachhaltige Tourismuskonzepte, auf Umwelt- und Naturschutz und den Erhalt von gewachsenen Ortsstrukturen.

Der Charme von Ramsau liegt irgendwo zwischen ruhig und beruhigend. Am besten macht man sich bei einer Dorfrunde selbst ein Bild. Klar, dass in einem Bergdorf dabei schon ein paar Höhenmeter zusammenkom-

175

Ramsau ist immer wieder auch Kulisse für Filmschaffende, die gewaltige Bergpanoramen, altehrwürdige ländliche Architektur oder einfach nur malerische Perspektiven suchen.

men. Gleich zu Beginn der Star der Ortschaft: die Pfarrkirche St. Sebastian. Im Vordergrund die kleine Holzbrücke über die Ramsauer Ache, die meist still vor sich hinplätschert, im Hintergrund die Reiter Alm, die schroff und

durchaus spektakulär aufragt. Romantischer könnte ein Bild kaum wirken.

Fast scheint es, als begänne der Ramsauer Einstieg ins Bergsteigen unweigerlich mit ei-

Wer auf dem Bergbauernhof Karnerlehen übernachtet, kann direkt am Haus loslaufen und die Umgebung von Ramsau auf abwechslungsreichen Wegen erwandern.

nem duftenden Kaffee. Ein paar Meter hinter der Kirche jedenfalls lässt sich im Bergsteigercafé schon ein erster, früher Stopp einlegen. Oder man absolviert erst mal die 220 Höhenmeter, die diese Bergsteigerdorfrunde mit sich bringt. Dazu geht es in den Schluchtweg hinein und eine knappe Stunde bergauf, dann ist der brettlebene Soleleitungsweg erreicht. Links zweigt der Weg zum Berggasthof Zipfhäusel ab – hier gäbe es zum Kaffee noch gratis einen klasse Blick. Rechterhand führt der Weg mit einigen weiteren hübschen Aussichtspunkten zum Berggasthof Gerstreit.

Dort den Soleleitungsweg verlassen, gen Tal abbiegen und einem steilen Weg durch eine Wiese, ein Wäldchen und über einige Höfe zur Wimbachbrücke folgen. Über den dortigen Parkplatz nach rechts abbiegen und südlich der Ramsauer Ache zurück Richtung Ortsmitte. An der Grundschule noch mal auf die andere Bachseite wechseln. So kommt man nämlich am Eiscafé Steinberg vorbei, in dem die Runde entspannt ausklingen darf. Bei einem Stück Kuchen lassen sich dann auch wunderbar Pläne schmieden für den nächsten Tag im Bergsteigerdorf. Vielleicht für eine Wanderung auf den Toten Mann oder ins Wimbachgries. Oder eben für eine der großen Bergtouren rund um Ramsau, die Zeit, Energie und bergsteigerisches Können erfordern.

Tipp: Gleich zu Beginn der Wanderung bietet sich ein Schlenker über den Kunterweg hin zur reich verzierten Wallfahrtskirche Maria Kunterweg an, die etwas abseits und versteckt mitten im Wald liegt.

FAZIT: EINMAL BERGNARRISCH, IMMER BERGNARRISCH! IM BERGSTEIGERDORF RAMSAU LÄSST SICH GANZ BEHUTSAM AN DIESES PHÄNOMEN HERANTASTEN.

Hin & weg: Bus bis Ramsau, Haltestelle Kirche. Parkmöglichkeiten entlang der Straße.

Dauer & Strecke: Gemütliche 3–4 Std. für die Dorfrunde, ca. 9 km.

Beste Zeit: Ganzjährig möglich.

Ausrüstung: Bequeme Wandersachen, bei viel Schnee für Auf- und Abstieg ggf. Stöcke und Schneeschuhe oder Grödel.

Wenn es Nacht wird: In den Wiesen oberhalb (und damit außerhalb) von Ramsau liegt der entzückende Traditionshof Karnerlehen (www.karnerlehen.de). Gastgeberin Myriam Maltan vermietet vier Zimmer und drei Ferienwohnungen, die allesamt mit viel Holz aus dem eigenen Wald und Liebe zum Detail hergerichtet sind. Ideal, um ein wenig länger zu bleiben! Der Einstieg auf den Soleleitungsweg und zur Dorfrunde ist direkt vom Hof möglich.

AUS-LÜFTELN

⟩... in den Ammergauern ⟨

#42

Wir sollten einfach viel mehr radeln! Denn auf keine andere Art kommen wir effizienter durchs Land. Nach dem Motto »In der Erholung bewegen, in der Bewegung erholen«. Ganz gemütlich auslüfteln eben. Und nebenbei ... die Aufmerksamkeit auf Hausfassaden richten.

In Oberammergau erinnert die
Bronzeskulptur eines Rottwagens
samt Fuhrleuten an die historische
Handelsstraße zwischen Venedig
und Augsburg.

Das mit dem Radeln ist schon ziemlich klasse:
Räder sparen so viel Energie ein, dass sie zur
wirtschaftlichen Fortbewegungsart par excel-
lence werden; Radeln verbraucht nur ein Fünf-
tel des Energieumsatzes vom Gehen.

Andersherum gedacht: Mit dem Rad lässt
sich ein gutes Stück mehr von der Landschaft
durchstreifen. Dabei bleibt genug Energie und
Muße, um ein wenig genauer links und rechts

des Wegrandes zu schauen. Und so wird in
den Ammergauer Alpen ganz nebenbei aus
einem einfachen Auslüfteln ein beschwing-
tes Lüftlmalerei-Gucken. Denn hier inmitten
der Berge gibt es an der Lüftlmalerei kein
Vorbei. Allerorts angemalte Fassaden, die
oft schon Jahrzehnte oder gar Jahrhunderte
die Aufmerksamkeit der Vorbeigehenden auf
sich ziehen. Die dreidimensionalen Gemälde
sind wetterfest, weil die Lüftlmalerei eine

und Tirol. Ein wenig umstritten ist, woher der Name stammt. Eine der wahrscheinlichsten Theorien weist nach Oberammergau zum Fassadenmaler Franz Seraph Zwinck. Sein Heimathaus war unter dem Namen »Zum Lüftl« bekannt, und von dort nahm wohl ab Ende des 18. Jahrhunderts alles seinen Lauf.

In den Ammergauer Alpen ist die traditionelle Lüftlmalerei dann auch besonders verbreitet. Dass sich gerade in Oberammergau diese Kunst so entfalten konnte,, lässt sich unter anderem mit der Lage des Dorfes an der von Venedig nach Augsburg führenden Handelsstraße er-klären. Denn Oberammergau war ebenso wie Mittenwald Warenumschlags- und Stapelplatz, die Fuhrleute aus beiden Orten verfügten auf einem langen Streckenabschnitt über das alleinige Transportrecht.

Freskotechnik ist. Farben werden dazu auf den frischen, noch feuchten Kalkputz aufgetragen und verbinden sich so dauerhaft mit der Wand.

Die an sich einfachen Hausfassaden wurden dabei durch die Illusion von Architekturdetails aufgewertet. Hier ein paar Säulen oder eine Treppe, da Fenster und Türen – alles zu sehen und doch gar nicht da. Dann noch Schmuckelemente und Figuren. Häufig auch biblische Szenen und fromme Sprüche. Die ursprüngliche Lüftlmalerei kann schon mal recht schwer wirken, ist aber oft genug auch einfach nur farbenfroh.

Die Lüftlmalerei ist vor allem auf dem Land und in kleinen Städten Süddeutschlands und Österreichs zu finden, allen voran Oberbayern

Schon die Häuser, deren Fassaden Zwinck gestaltet hat, eignen sich hervorragend als Wegmarker für eine Radtour: das Pilatushaus in Oberammergau, das Schulmeisterhaus in Unterammergau oder das Kölblhaus in Bad Kohlgrub. Dabei geht es hauptsächlich ammerabwärts, die knapp über 100 Höhenmeter sind kaum der Rede wert. Stattdessen lässt sich über genügend Pausen nachdenken: schon unmittelbar nach dem Start in Oberammergau ein Gelato im Eiscafé Paradiso (www.paradiso-oberammergau.de), bayerische Wirtshausküche in Slow-Food-Manier beim Unterammergauer Dorfwirt (www.gasthausdorfwirt.com) oder einfach ein stiller Moment am Flussufer. Danach dann über Nacht in Bad Kohlgrub bleiben und sich am nächsten Tag noch ein wenig weitertreiben lassen. Entspannungspotenzial: 120 Prozent.

Immer wieder mal vom Rad steigen: Für die vielen prächtigen Fassaden wie die vom Kölbl- und Dedlerhaus in Oberammergau darf man sich ruhig ein wenig mehr Zeit nehmen. Für ein Eis sowieso.

FAZIT: EINE BESONDERS ENTSPANNTE ART, DIE AMMERGAUER ALPENDÖRFER KENNEN-ZULERNEN UND MIT EINHEIMISCHEN EINE RUNDE ZU RATSCHEN.

Hin & weg: Bahn bis nach Oberammergau, zurück ab Bad Kohlgrub.

Dauer & Strecke: 1,5–2 Std. Slow Biking für 18 km und Entspannung für ein ganzes Wochenende.

Beste Zeit: Wunderschön im Frühsommer.

Ausrüstung: Ein Rad, idealerweise mit ein paar Gängen, etwas zu trinken.

Wenn es Nacht wird: Die Muskeln sagen Dank: Nach Slow Biking lässt sich im familiär geführten Hotel moor&mehr in Bad Kohlgrub ausgiebig saunieren sowie in Biomanier speisen und übernachten (www.bio-kurhotel.de)

HINAUF IN DIE UNTERWELT

⋛ … Höhlenwanderung zum Grafenloch ⋚

#43

»Pimp your hike« darf als das Motto einer kurzen, leichten Wanderung im Inntal gelten, die in der Höhlenburg Luegstein - spektakulär gelegen in einer senkrechten Felswand hoch über dem Inntal - gipfelt.

Die natürliche Höhle in der Luegsteinwand ist von unten kaum auszumachen; von oben ist der Blick ins Tal und auf die Gebirgslandschaft umso imposanter.

Von der Wiese schaut man etwas ungläubig die Luegsteinwand empor. In dieser senkrechten Felswand soll sich eine Höhle befinden, die einst als Burg ausgebaut wurde? Das Auge sucht, findet jedoch nichts.

Die Höhlenburg Luegstein, auch Grafenloch genannt, ist eine von nur äußerst wenigen erhaltenen Höhlenburgen in Bayern. Es wird vermutet, dass bereits in der Vorgeschichte Menschen den sonnenverwöhnten Ort aufsuchten und von hier weit ins Land schauten. Gesichert ist nach jüngstem Forschungsstand, dass die Höhle im Hochmittelalter zu einer Burganlage ausgebaut wurde. Wahrscheinlich im 11. Jahrhundert errichtet, wurde sie jedoch schon im 13. Jahrhundert wieder aufgegeben. Sitzt man erst mal darin – geschützt durch das massive Felsdach – und genießt die einzigartige Perspektive auf den Wilden Kaiser, dann bekommt man ein ziemlich gutes Gefühl für die natürliche Schutzfunktion, die dieser Ort einst bot.

Heute ist die Höhle über eine bestens gesicherte, jedoch steile, gut fünf Meter hohe Alu-Leiter zu erreichen. Darunter geht es ein ordentliches Stück in die Tiefe. Wie der Zugang im Hochmittelalter aussah – eine Holzleiter, irgendwo zwischen windig und windschief? –, lässt sich ansatzweise erahnen. Wahrscheinlich wurde das Grafenloch zweistöckig genutzt, und noch immer sind Reste der massiven Stützmauer und des Torbogens auszumachen.

Vom Bahnhof Oberaudorf aus bietet sich ein Rundweg an, bei dem man ganz nebenbei den Ort ein wenig erkunden kann, an der Kirche vorbei und durch den Wald geschlängelt. Sodann den in den 1930er-Jahren künstlich angelegten Luegsee links liegen gelassen und nochmals in den Wald. Auf einer Wiese lässt

Hin & weg: Bahn bis Oberaudorf, alternativ Parkmöglichkeiten im Ortszentrum nahe der Kirche.

Dauer & Strecke: Die 2,5- bis 3-stündige Wanderung (reine Gehzeit) kann der Auftakt zu einem ganzen Höhlenwochenende sein.

Beste Zeit: Sommerhalbjahr.

Ausrüstung: Feste Schuhe.

Wenn es Nacht wird: Im Zentrum von Oberaudorf liegen vis-à-vis die beiden Gebäude des Bernhard's (www.berhards.biz), das Stammhaus und das denkmalgeschützte Seebacher Haus. Zum Essen einen ausgiebigen Blick auf die Karte des mehrfach ausgezeichneten Spezialitätenrestaurants werfen. Alternativ geht's auf eine Kleinigkeit oder einen Absacker in die Weinstube.

sich ein Blick auf die eindrucksvolle Luegsteinwand erhaschen, bevor es die letzten Meter ein wenig steiler zum Felsfuß hinaufgeht. Auf den letzten 100 Metern verwandelt sich der Spazier- und Wanderweg in einen alpinen Steig, der zum Schluss sogar als so schmales und ausgesetztes Band verläuft, dass eine Seilversicherung ratsam erschien.

Der Rückweg durch den Ort führt beim Weber an der Wand vorbei, einst eine Eremitenklause, später ein Höhlenwirtshaus. Derzeit ist das Gebäude jedoch nur von außen zu besichtigen, da das noch vor einigen Jahren viel empfohlene Gasthaus geschlossen ist. Gewissermaßen ein Muss ist der abschließende Schlenker über die Ruine Auerburg. Denn sie ist der Nachfolger der Höhlenburg Luegstein – in deutlich bequemerer Lage im

Tal und dabei ebenfalls mit einem recht hübschen Ausblick.

Tipp: Die Wanderung zum Grafenloch bietet sich als idealer Auftakt zu einem ganzen Höhlenwochenende an. Denn in nächster Nähe befinden sich mit der Wendelsteinhöhle, der Tischoferhöhle sowie der Hundalm-Eishöhle drei weitere, gänzlich unterschiedliche und sehenswerte Höhlen. Weitere Informationen auf www.unterwelten.com

FAZIT: BLIEBE ZU KLÄREN, OB ES EINEN BESSEREN LOGENPLATZ ÜBER DEM INNTAL GIBT. GEHEIMNISVOLLER JEDENFALLS GEHT'S WOHL KAUM.

FLUSSABWÄRTS INS HEU

 ... Sommerglück im Leitzachtal

 **#44**

Der Duft von Heu – wohl kaum ein anderer Geruch erinnert derart unmittelbar und intensiv an die Leichtigkeit scheinbar längst vergangener Sommertage. Eine laue Nacht im Heustadl beschwört daher durchaus etwas Nostalgie herauf.

#Sommernacht #Leitzachtal #Bach #Heuduft

Trotz Verbauungen ist die Leitzach ein weitgehend naturnaher Flusslauf geblieben.

Wie das duftet! Es geht gar nicht anders: Spätestens, wenn man sich für die Nacht ins Heu fallen lässt, muss man einfach einige Atemzüge nehmen. Erst vorsichtig schnüffelnd, dann ganz tief einsaugend.

Wonach genau duftet Heu eigentlich? So viel ist klar: Es riecht satt und dicht - und doch sommerlich leicht. Nach Nostalgie, irgendwie nach Kindheit. Es ist ein Duft, der entspannt. Und nicht zuletzt auch deshalb ist man im Stadl am Grünberghof wohl schon längst eingeschlafen, bevor eine abschließende Antwort gefunden werden konnte.

An Wochenenden ist das Stadl am Grünberghof ein Spielstadl. Kinder erleben hier genau die Leichtigkeit, von der Erwachsene träumen. Da lockt ein Geheimgang, der zum Klettern in die Strohburg führt. Und große Holzspiele fordern die ganze Geschicklichkeit. Die Eltern warten derweil im gemütlichen Café mit Sonnenterrasse und weitem Blick über die Wiesen und ins Leitzachtal.

Ziemlich außergewöhnlich, ziemlich genial: eine Nacht im Heu, die man nicht allzu schnell vergisst. Und für viele Kinder ist das liebevoll geführte Spielstadl eh konkurrenzlos.

Check-in im Heu ist immer abends um sieben, wenn die Tagesgäste ausgespielt haben. Dann gehört einem das Stadl ganz allein. Die Leinenbettwäsche gibt's von Gastgeberin Gertraud zusammen mit dem Tipp, das Heu zu einer Art Schlafmulde zurechtzuschieben. So wirkt das einfache Lager gleich noch wärmer. Wobei sich an lauen Sommerabenden die Frage nach der Temperatur eh kaum stellt. Mit dem frisch angerichteten Brotzeitbrettl lässt sich vor dem Stadl noch lange erst in die untergehende Sonne und sodann in den Sternenhimmel schauen. Bevor das Heu ruft.

Wie man in dieses kleine Paradies gelangt? Ganz genussvoll mit der Bahn und mit dem Rad zum Beispiel. Dazu in Fischbachau in den Sattel geschwungen und überschaubare 14 Kilometer das hübsche Flusstal hinunter-

gerollt, das die Leitzach schreibt. Auf etwa halber Strecke führt der Weg am Hofcafé Beim Melchern vorbei. Später dann verführen immer wieder hübsche Uferstellen zu einem Halt oder sogar dazu, mal zumindest die Füße ins Wasser zu halten. Nur kurz vor dem Ziel, in Wörnsmühl, braucht's etwas Schmackes. Wenn man nämlich den kurzen Wegabschnitt

Hin & weg: Bahn bis Fischbachau, von dort weiter mit dem Rad. Parken am Bahnhof oder Spielstadl.

Dauer & Strecke: Ein sommerliches Wochenende, einfache Strecke 14 km.

Beste Zeit: Wenn es ordentlich warm ist.

Ausrüstung: Gemütliche Klamotten fürs Heu.

Wenn es Nacht wird: Ab ins Heu im Spielstadl (www.spielstadl.de), einem wunderbar duftenden Unterschlupf mit Blick über das Leitzachtal.

über die recht gut befahrene Landstraße meiden möchte, bleibt nur eins ... hinauf nach Gasteig. Das bedeutet kurze, knackige 14 Prozent Anstieg und 160 Höhenmeter.

Vom Berg runter braucht man dann erst mal nicht mehr, denn auch ein Bauernfrühstück gehört zum Rundum-sorglos-Paket im Heu.

Tipp: Vor allem Kinder werden vom Spielstadl kaum genug bekommen. Am nächsten Tag geht es zurück nach Fischbachau oder zu einem erfrischenden Bad in den Schliersee.

FAZIT: EINE NACHT IM HEU – ES IST SO LEICHT, DEN REIZ DES EINFACHEN ZU GENIESSEN.

MORGEN-ANDACHT

⟩… Sonnenaufgang an der Rotwand ⟨

#45 *Eine hübsch gelegene Berghütte mit bequemen Übernachtungsmöglichkeiten ist das eine. Wenn vor der Hüttentür dann auch noch ein einfach zu erreichendes Gipfelkreuz in den Himmel ragt, ist die Zeit reif für ein ganz besonderes Erlebnis: den Sonnenaufgang am Berg.*

Am Soinsee vorbei, um die Ruchenköpfe herum - und schon kurze Zeit später in alle Richtungen ganz weit in die Alpen hineinschauen.

An und für sich kostet höchstens die Entscheidung am Vorabend etwas Überwindung, danach ist alles denkbar einfach: im Morgengrauen den Wecker ausschalten, kurz in die Klamotten schlüpfen und auf den Gipfel steigen. Dort dem Horizont beim Verfärben zuschauen, bis sich die Sonne zeigt.

Gut möglich, dass man diesen magischen Moment mit einer Handvoll anderen Frühaufstehern teilt. Denn sehr viel bequemer als an der Rotwand kann man einen Sonnenaufgang am Berg nun wirklich nicht haben; vom Rotwandhaus sind es gerade mal 20 Minuten bis zum Gipfel.

Es mag an der frühen Stunde liegen oder auch am Seltenheitswert, den ein bewusst erlebter Sonnenaufgang im Alltag hat: So einfach andächtig nach Osten schauend, wirkt die morgendliche Gipfelstimmung jedenfalls durchaus kontemplativ. An besonders idealen Morgen gesellt sich an der Rotwand das

Hin & weg: Bahn bis Bayrischzell und zurück ab Fischbachau-Hammer oder Neuhaus. Wer mit dem Auto kommt, parkt auf dem Seeberg-Parkplatz direkt an der Alpenstraße.

Dauer & Strecke: Entspannt aufgeteilt auf zwei Bergtage pro Tag etwa 4–5 Std., komplett ca. 1400 hm.

Beste Zeit: Sommerhalbjahr (im Winter über andere Wegoptionen informieren).

Ausrüstung: Den Hüttenschlafsack und einen »Wecker« nicht vergessen.

Wenn es Nacht wird: Das Rotwandhaus (www. rotwandhaus.de) liegt auf einer natürlichen Aussichtsterrasse, 20 Min. unter dem Rotwandgipfel. Die Alpenvereinshütte mit Matratzenlagern und Mehrbettzimmern ist ein Klassiker und vor allem an Schönwetterwochenenden gern mal ordentlich voll. Aus gutem Grund.

Gefühl hinzu, den ganzen Ostalpen beim Aufwachen zuschauen zu dürfen. Bis weit in die Hohen Tauern, in die Zillertaler Alpen und hinüber zur Zugspitze reicht dann der Blick. Dazwischen staffeln sich in schier endlos schattierten Schichten kleinere Berge und Bergrücken von vorn bis hinten.

So beliebt die Rotwand und überhaupt das Spitzingseegebiet seit jeher bei Ausflüglern sind, so vielfältig sind auch die Aufstiegsmöglichkeiten. Eine der längeren, aber auch besonders reizvollen Varianten führt von Bayrischzell über den Bayrischzeller Höhenweg und an der Klarer-Alm vorbei hinauf zum Soinsee, der beschaulich am Fuße der Ruchenköpfe liegt und an dem sich eine Pause geradezu aufdrängt. Danach noch etwa eine Stunde weiter zum Rotwandhaus.

Auch zurück ins Tal (Bahnstation Fischbachau-Hammer) lässt sich nach Hüttennacht, Gipfelsonnenaufgang und einem gemütlichen Frühstück ein längerer Weg finden: Zunächst hinüber zur Taubensteinbahn, weiter über den Rauhkopf und zum Jägerkamp, dort nach Norden absteigen und im Sattel zur Benzingalm abbiegen. Abschließend schlängelt sich der Steig still durch den halbschattigen Wald, bevor er in einer flachen Forststraße endet. Auf der Runde ist für ein paar wenige Stellen Trittsicherheit erforderlich, insgesamt ist der Weg höchstens mittelschwer und damit rot ausgeschildert. Eine Alternative mit weniger Höhenmetern ist der Abstieg über den Spitzingssattel und zur Bahnstation in Neuhaus.

Tipp: Ideal ist es, schon etwa eine halbe Stunde vor dem eigentlichen Sonnenaufgang am Gipfel zu sein. Dann nämlich ist die Färbung des Himmels durch das schräg einfallende Sonnenlicht besonders intensiv.

FAZIT: GUT MÖGLICH, DASS DIES DER ERSTE SONNENAUFGANG AM BERG WAR. ABER MIT SICHERHEIT NICHT DER LETZTE.

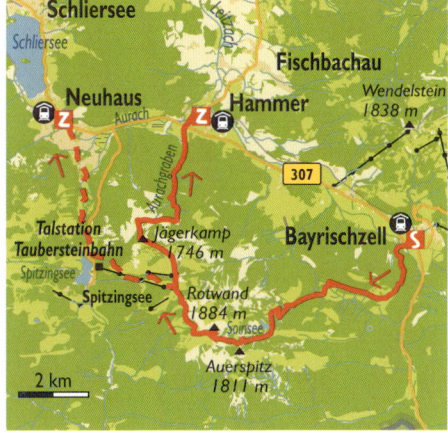

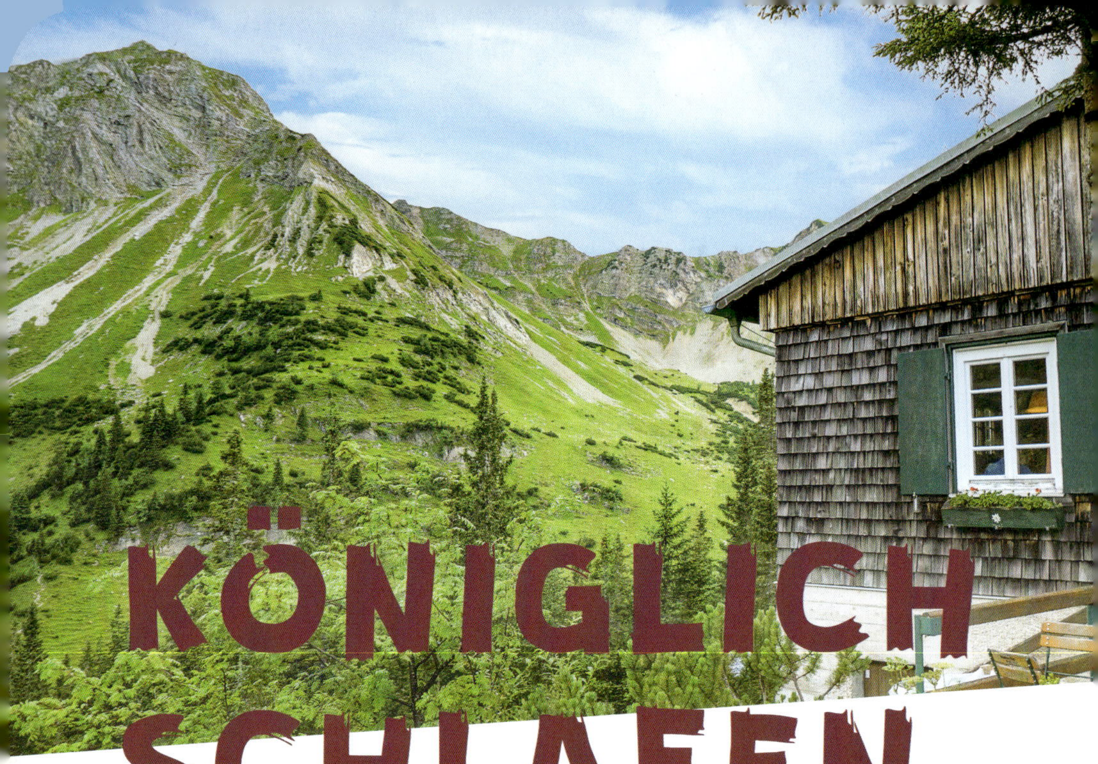

KÖNIGLICH SCHLAFEN

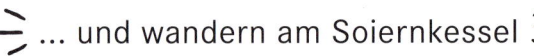

... und wandern am Soiernkessel

#46

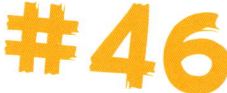

An manch eine Bergwanderung erinnert man sich noch nach Jahren. So wie an die Soierntour: mit gigantischen Eindrücken, changierend zwischen Bergseeidyll und Felsfaszination. Ob der Tourhöhepunkt das Soiernhaus oder die Soiernspitze wird, hängt von Tagesform und Wetter ab.

#Soiern #Bergsee #smaragdgrün #wandern #Freiheit

Beim Blick in den Soiernkessel wird's schon verständlich, warum der »Kini« sich hier eine Berghütte bauen ließ.

→ MINIURLAUB ...

Zwei Dinge dürften sicher sein: Wenn die Wetterverhältnisse einigermaßen mitspielen, lassen Begeisterungsausrufe rund um das Soiernhaus nicht lange auf sich warten. Und allein ist man mit dieser Freude auch nicht.

»Der Kini wusste schon, wo's besonders schön ist« – so oder ähnlich hört man es immer wieder mal während der Wanderung rund um die in der Sonne smaragdgrün schimmernden Soiernseen. Das im Soiernkessel liegende Soiernhaus, heute eine bewirtschaftete Hütte des Deutschen Alpenvereins, war einst eine der Bergresidenzen von Ludwig II. Insgesamt zwölf besaß der »Märchenkönig« am Ende, die meisten kaum mehr als einfache Bergunterkünfte. Viele davon hatte schon sein Vater Max II. als Jagdhütten errichten lassen. An den Soiern indes waren zwar schon die auch noch heute teils recht gut erhaltenen Reitsteige angelegt, eine Hütte gab es aber noch nicht.

Das Soiernhaus – einst unter Ludwig II. erbaut und heute von der Alpenvereinssektion Hochland betreut. Und die Gipfel des Soiernkessels geben sich mal mystisch, mal majestätisch.

Die Jagd ließ Ludwig II. kalt, aber die Schönheit des Soiernkessels beeindruckte ihn so sehr, dass er dort den Bau einer Hütte beauftragte, die im Herbst 1866 fertiggestellt war. Weiter unten am See entstand ein zweites Haus, in dem der Pferdestall und die Kammer für den Reitknecht untergebracht waren. Ein roter, also mittelschwerer Weg führt von Krün über einen großen Forststraßenbogen zunächst auf die bewirtschaftete Fischbachalm

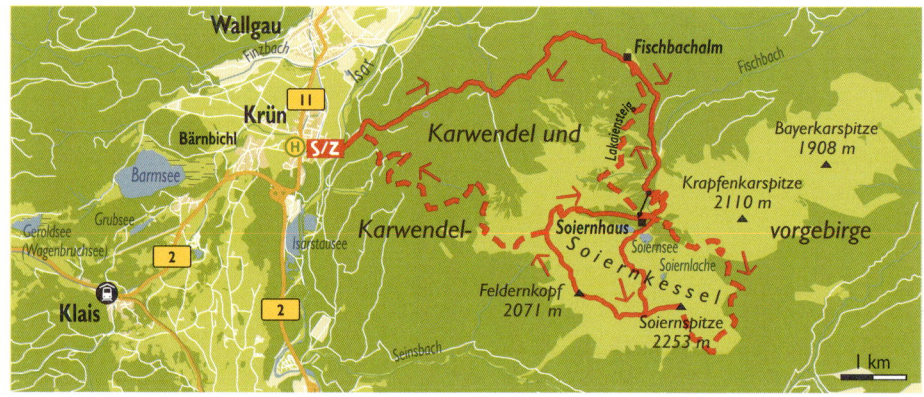

Weites Gipfelpanorama an der Soiernspitze: Türkis schimmert im Norden der Walchensee, in der Ferne ist der Starnberger See und vielleicht sogar München auszumachen.

und von dort zum Soiernhaus – wenn Trittsicherheit und Schwindelfreiheit im Gepäck sind, ist für den zweiten Wegteil der Lakaiensteig ein Augenschmaus. Später, wenn von der Terrasse des Soiernhauses der Blick frei ist auf die Soiernseen, kann man schon gut nachvollziehen, was den Kini immer wieder hier hochgezogen hat, so an die 20-mal soll er wohl hier gewesen sein. Wo heute der Freisitz ist, waren, bevor sich die Grundmauern senkten, sein Wohn- und Schlafzimmer.

Nun sofort zur Soiernspitze zu gehen und wieder ins Tal abzusteigen, darf man ruhig Sportskanonen überlassen. Deutlich entspannter und genussvoller wird es mit einer Übernachtung auf der Hütte.

Tipp: Der Soiern-Superlativ? Eine wunderbare, recht stille und zunächst schattige Aufstiegsvariante führt im Uhrzeigersinn um den Soiernkessel über die Jägersruh und weiter über die alten Reitsteige, bevor es über den Südanstieg zur Soiernspitze geht. Sehr empfehlenswert ist für den Abstieg der Weg nach Westen hinaus über das Feldernkreuz und den Seinskopf, um dann die Runde nach Krün zu schließen. Die kürzere Variante führt direkt im Soiernkessel von Norden hinauf auf die Soiernspitze und wieder über die Soiernhütte zurück ins Tal.

FAZIT: SEHNSUCHT NACH DEN BERGEN? AUF ZU DEN SOIERN! (ALTES KÖNIGLICHES REZEPT).

Hin & weg: Mit den Öffentlichen regelmäßige Anbindung über Garmisch-Partenkirchen bzw. Mittenwald nach Krün. Mit dem Auto ab Wanderparkplatz am Griesweg 4.

Dauer & Strecke: Aufstieg zur Hütte etwa 3 Std., ca. 700 hm. Bis zur Soiernspitze je nach Wegvariante nochmals 3–4 Std., knapp 700 hm; hinzu kommt der Abstieg. Aufgrund des ausgedehnten Weges am besten mit Übernachtung.

Beste Zeit: Mitte Mai–Mitte Oktober.

Ausrüstung: Komplette Wanderausrüstung inkl. fester Wanderstiefel und Regenschutz. Hüttenschlafsack nicht vergessen.

Wenn es Nacht wird: Vor allem an schönen Sommerwochenenden ist es ratsam, auf dem Soiernhaus zu reservieren (Infos auf www.sektion-hochland.de unter Hütten). Geschlafen wird in Matratzenlagern. Der große Bergluxus: Zähneputzen mit erstklassigem Soiernkessel-Panoramablick.

MOMENTE ZUM GANZ MINI-FÜHLEN

 ... in der Milchstraße versinken am Barmsee

#47

Warum nicht nach dem Abendessen aufbrechen zu einem kleinen Nachtspaziergang? Bei Neumond geben sich die Wälder bei Krün zappenduster. Genau solche Nächte sind ideal, um später am See mal wieder in den tiefen Nachthimmel schauen.

#Sommernacht #zappenduster #Sternenfunkeln #galaktisch

→ MINIURLAUB ...

Die Augen brauchen ein wenig
Zeit, um sich an die Dunkelheit zu
gewöhnen. Aber dann ...!

Würde sich die nächtliche Szenerie nicht genau so vor einem ausbreiten, müsste man sie erfinden: vor den Füßen der spiegelglatte Barmsee, links außen das Zickzack der Karwendelgipfel, vorne rechts das Wettersteingebirge - und oben drüber das Funkeln der Milchstraße, die sich im August so am Himmel präsentiert, als wolle sie das Tal zwischen den beiden Gebirgsstöcken in seiner ganzen Länge nachzeichnen.

Die Milchstraße ist der Hingucker schlechthin am sommerlichen Nachthimmel. Zu jeder Jahreszeit steht sie ein wenig anders. Im Sommer streckt sie sich nahezu senkrecht vom südlichen Horizont durch den Nachthimmel und spannt sich von dort nach Norden. Dabei lässt sich außergewöhnlich gut in ihr galaktisches Zentrum schauen, in dem besonders viele Sterne versammelt sind.

Wissenschaftler schätzen, dass unsere Galaxis aus bis zu 300 Milliarden Sternen besteht, die in der spiralförmigen Scheibe namens Milchstraße angeordnet sind. Allein schon diese Zahlen taugen, um einen schwindelig

Zu Füßen des Karwendels empfiehlt es sich besonders, nachts öfter mal nach oben zu schauen – der dortige Nachthimmel ist einer der dunkelsten in Bayern.

werden zu lassen und zumindest Laien nach wie vor in eine gewisse Sprachlosigkeit zu versetzen. Und dann erst die Entfernungen: Bis zum Mond sind es knapp 400 000 Kilometer, der Weg zu unserem Nachbarplaneten Venus schlägt mit etwa 40 Millionen Kilometern zu Buche. Allein unser Sonnensystem misst drei Lichtjahre im Durchmesser, die ganze Milchstraße 100 000 Lichtjahre. Dahinter ... geht's unendlich weiter.

Am Barmsee lässt sich das vielleicht alles nur in Ansätzen begreifen, aber umso schöner ansehen, vor allem vom Westufer her. Um fürs Erste einen möglichst guten Blick in die Nacht zu erhaschen, genügt es, auf ein paar Dinge zu achten: Wie ist die Wettervorhersage? Nächte mit allzu vielen Wolken oder Bodennebel sind eher ungeeignet für Himmelsbeobachtungen.

Ebenso solche mit Vollmond, denn er hellt den Himmel stark auf und überstrahlt einen Großteil der Sterne. Besonders günstig wiederum sind klare Neumondnächte.

Selbst im Sommer wird es beim Sternegucken schnell empfindlich kalt. Daher zusätzliche warme Sachen einpacken. Da ein Großteil der Körperenergie über den Kopf verloren geht, wirkt insbesondere eine Mütze Wunder. Um möglichst lange in den Nachthimmel schauen zu können, ohne einen steifen Nacken zu bekommen, lohnt es sich außerdem, eine Isomatte oder Decke mitzubringen.

FAZIT: EINFACH NUR WWWOOOWWW!!!

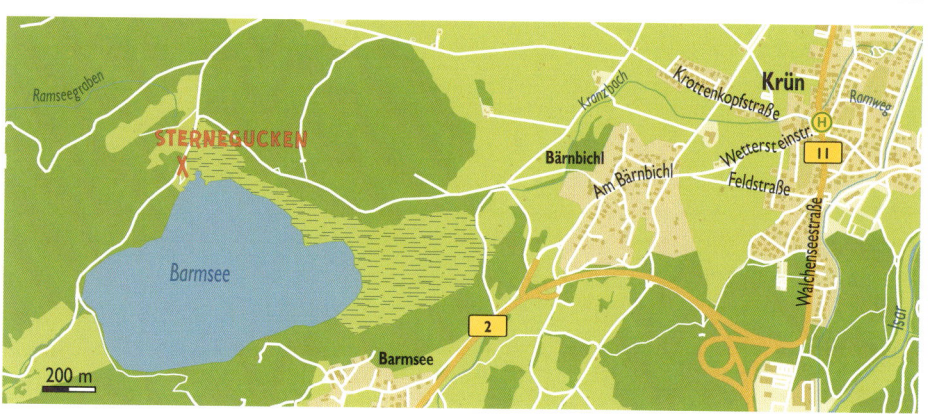

Hin & weg: Bahn-/Bus-Verbindung über Kochel bzw. Garmisch-Partenkirchen zum Gasthof Zur Post in Krün.

Dauer & Strecke: Eine laue Sommernacht.

Beste Zeit: August/September bei Neumond.

Ausrüstung: Warme Sachen nicht vergessen, evtl. eine Decke oder Isomatte.

Wenn es Nacht wird: Krüner Stub'n – sechs Zimmer mit Panoramablick auf die Berge (www.kruener-stubn.de).

IM BERG AUS SALZ

≥ ... unter Tage in Berchtesgaden ≤

#48

Rittlings auf die Grubenbahn gesetzt, Schlaf- und Rucksack gut festgehalten und ab durch den gut 700 Meter langen Tunnel des Letten-Stollens. So beginnt eine außergewöhnliche Nacht – im Berg.

Eine Nacht im Berg? Möglich ist das im Salzheilstollen Berchtesgaden, dem 1517 in Betrieb genommenen und heute ältesten aktiven Salzbergwerk Deutschlands. Ausstieg in

der Salzkathedrale, einer riesigen Halle tief im Innern der Erde. Tagsüber ziehen hier die Besuchergruppen zur Führung durch das Bergwerk los. Beziehungsweise rutschen sie los. 34 Meter hinunter auf einer Holzrutsche. Diese Attraktion interessiert jetzt jedoch weniger. Stattdessen geht es durch eine solide Holztür, hinter der sich der Salzheilstollen verbirgt.

850 Quadratmeter ist der Stollen groß, in der Mitte ein kleiner See, ringsherum Liegen mit warmen Decken. Wer nicht eh seinen eigenen Schlafsack mitgebracht hat, leiht sich einen bei den beiden Mitarbeiterinnen aus, die die Gäste durch die Nacht begleiten. Außerdem gibt's heißen Tee. Und Wärmflaschen. Unter Tage ist alles konstant. Die Luftfeuchtigkeit liegt bei gut 80 Prozent, die Temperatur bei rund 13 Grad. Die dritte Konstante ist – rein

Dutzende Lichter, warme Decken, heißer Tee: Für den Wohlfühlfaktor ist gesorgt bei einer Nacht im Berchtesgadener Salzheilstollen.

theoretisch – die Dunkelheit. Jetzt aber ist der Stollen mit warm schimmernden Lichtern illuminiert. In dem See plätschert ein Brunnen vor sich hin, leise Musik berührt die Wände, aus denen hier und da Salzkristalle aufblitzen. Die Optionen: noch ein wenig lesen. Oder schon schlafen. Oder einfach nur eine Weile in das gedämpfte Licht schauen und den eigenen Gedanken nachhängen.

Wer – tagsüber – regelmäßig für ein paar Stunden in den Salzheilstollen einfährt, profitiert von seiner antiallergischen, entzündungshemmenden, krampflösenden und die Atmung anregenden Wirkung. Einen Aufenthalt im Reizklima der Nordsee kann das zwar nicht ersetzen, aber es kommt schon nah ran.

Bei der Übernachtung steht derweil im Vordergrund, die besondere Atmosphäre des Stollens zu spüren und den Augenblick zu genießen. Die »SalzTraumNacht«, die quasi eine Nacht »ohne alles« ist, findet mehrmals im Jahr statt. In anderen Nächten lauscht man Künstlern, die Instrumente wie das Didgeridoo und Flöte spielen oder Klangschalen ertönen lassen.

Vielleicht kreisen die Gedanken vor dem Einschlafen noch eine Weile um die gewöhnungsbedürftige Tatsache, dass man ganz tief im Berginneren ist, dort, wo einst Salz abgebaut wurde. Irgendwann schläft aber wohl jeder ein. Morgens dann leise Musik, die hilft, aus dem Salz-Schlummer zu erwachen. Die sieben Unter-Berg-Sachen entspannt zusammengepackt und wieder zur Grubenbahn geschlendert, um auszufahren. Gut möglich,

dass dort ein Bergarbeiter in voller Arbeitsmontur ums Eck kommt. Dass hier im Berg weiterhin gearbeitet und Salz abgebaut wird, vergisst man als Salzheilstollenbesucher nur allzu leicht. Der Entrücktheit der Nacht wird so in jedem Fall etwas Reales entgegengesetzt, bevor alle wieder im Tageslicht auftauchen.

Tipp: Wer zunächst lieber für eine kürzere Zeit testen möchtest, ob er überhaupt unter Tage nächtigen möchte, kann auch tagsüber für zwei Stunden in den Salzheilstollen einfahren.

> **FAZIT: DER SALZHEILSTOLLEN IST EINER DIESER ORTE, IN DEM DAS GEFÜHL FÜR RAUM GANZ SCHNELL VERLOREN GEHT. DAS FÜR ZEIT SOWIESO.**

Hin & weg: Bahn bis Berchtesgaden, im Ort mit Bus 840 oder 848 zur Haltestelle »Salzbergwerk«. Mit dem Auto bis zum großen Besucherparkplatz am Bergwerk.

Dauer & Strecke: Eine ganze Nacht oder zum Ausprobieren tagsüber 2 Std.

Beste Zeit: Verschiedene Termine rund ums Jahr. Gut mit einer der anderen Berchtesgadener-Land-Eskapaden zu verbinden.

Ausrüstung: Warme, bequeme Sachen, evtl. ein eigener Schlafsack.

Wenn es Nacht wird: Alle Details zu einer Nacht unter Tage gibt es auf der Webseite des Salzheilstollens (www.salzheilstollen.com), der sich im Berchtesgadener Salzbergwerk befindet (www.salzbergwerk.de).

HART AM WIND

... Segeltörn auf dem Großen Alpsee

#49

... und dann wieder sind da diese Tage, an denen die wohl entspannendsten Aktivitäten am, im oder eben auf dem Wasser stattfinden. Wie die Fahrt mit einem historischen Segler auf dem größten Allgäuer Natursee.

#Iamsailing #Brise #Berge&Wasser #Sommersegeltörn

Die harten Fakten: Der Alpseesegler hat zwei Masten aus Douglasie und 44 Quadratmeter Segelfläche.

In der Nachmittagssonne glitzert das lackierte Holz des Vorderdecks. Das Segel füllt sich in der leichten Brise. Für einen Augenblick scheint alles andere hinter einem gelassen und vergessen - die Schiffscrew und die anderen Passagiere, der Hafen und das Bekannte an Land. Wären da nicht die Berge ringsum, könnte es so aussehen, als wäre man soeben in See gestochen und begäbe sich in ein ungewisses Abenteuer.

Dass einen die Fantasie so weit trägt, mag am stolzen Namen des Segelschiffs liegen, auf dem man sich gerade auf dem Großen Alpsee

befindet: Santa Maria Loreto. Er verweist auf die Loretokapelle, die im Schulterblick auf einem Hügel in Bühl auszumachen ist. Und auf ganz große Seefahrergeschichte. Der zwölf Meter lange Zweimaster ging 2003 im Großen Alpsee zu Wasser. Er ist der verkleinerte Nachbau einer Lädine, eine der mittelalterlichen Lastensegler, die auf dem Bodensee und überall dort fuhren, wo einst die Römer waren.

Dass das Segelschiff (www.alpseesegler.de) heute in den Sommermonaten bis zu dreimal täglich mit Passagieren in den Großen Alpsee sticht, war anfangs gar nicht selbstverständ-

lich. Denn einen Segler als Passagierschiff gab es bis dato in Bayern nicht – und damit auch keine entsprechende Fahrgastschifferlaubnis. Eine ganz eigene Bescheinigung musste her, die alle ehrenamtlichen Kapitäne des eigens für den Alpseesegler gegründeten Vereins seither erworben haben.

Die Schiffsglocke läuten beim Verlassen des Hafens, Segel setzen und später wieder einholen, sogar das Steuerrad bedienen – es sind solche außergewöhnlichen Handgriffe, zu denen die beiden Kapitäne während des gut einstündigen Segeltörns auf dem Großen Alpsee anleiten und an die man sich als Se-

Die Schiffsglocke läuten, beim Segelsetzen helfen oder einfach nur die alten Bootshäuser am Ufer bewundern - ab der ersten Minute auf dem Alpseesegler eröffnen sich viele Möglichkeiten.

gellaie später erinnern wird. Und auch andere Eindrücke hallen nach: die Reflexionen in den am Bug, das Rascheln der Takelage, das Gleiten im leichten Wind ...

Auszeiten am (Großen Alp-)See sind doppelt so entspannend, wenn man eine Übernachtung mit einplant. Für den nächsten Tag wäre dann nochmals das volle Wasserprogramm drin. Oder aber der Blick von oben auf den See bei einer Wanderung zum Himmelseck oder auf den Denneberg zum Beispiel. Als beschauliche Basis für dieses Wasser-und-Berg-Wochenende bietet sich Thalkirchdorf an. Zentraler Treffpunkt im Ort ist das Dorfhaus, das unter seinem Dach einen Laden, eine Käseschule und ein Gasthaus beherbergt. Das Beste: Man kann in einem der hübschen Zimmer oder den Ferienwohnungen auch über Nacht bleiben.

> **FAZIT: HIER WIRD SELBST DER GRÖSSTE BERGFEX GLATT ZUM SEEFEX.**

Hin & weg: Bahn-/Busverbindungen über Immenstadt nach Bühl (und weiter nach Thalkirchdorf).

Dauer & Strecke: Gut 1 Std. für den Segeltörn.

Beste Zeit: Mitte Mai–Mitte Oktober. Wegen der Thermik ist der Segelspaß im Frühling und Herbst am größten.

Ausrüstung: Je nach Wetter luftig oder auch etwas wärmer anziehen.

Wenn es Nacht wird: Im Thalkirchdorfer Dorfhaus (www.dorfhaus.de) hat man die Qual der Wahl zwischen sechs Ferienwohnungen und vier Doppelzimmern. Gerade an den Wochenenden sind sie aus gutem Grund sehr beliebt, sodass man entweder frühzeitig bucht oder einfach mal auf eine Auszeit unter der Woche ausweicht.

DEN REIZ (NACH-) FÜHLEN

... Marktspaziergang in Murnau

Mancher Ort fordert mehr als andere dazu auf, sich in ihn hineinzufühlen - Murnau zum Beispiel. Die Marktgemeinde am Nordrand der Ammergauer Alpen ist deshalb wie geschaffen dafür, gleich mal für ein Wochenende zu bleiben.

zur Ortsmitte geflissentlich links liegen und nimmt stattdessen die Fußgängerunterführung unter den Gleisen hindurch hinunter zum Staffelsee. Von dort weiter über die Ludwigshöhe und den Dünaberg. Am Dünaberg umgeht man noch kurz einige Privatgrundstücke, bevor der Weg hinter einem Bahnübergang in eine Wiese mündet. Vorbei an einem kleinen, für den Alpenrand so typischen Stadl und schon findet man sich auf der Kottmüllerallee.

Die mächtigen Eichen, die die Allee säumen, hat in den 1870ern der örtliche Verschönerungsverein gepflanzt, Gabriele Münter hat mehrfach Ansichten davon in ihren Bildern festgehalten. Wenn man die Baumallee hinunterschlendert, lohnt es sich, mindestens bis zu dem kleinen hölzernen Aussichtspavillon zu gehen, von wo sich ein beeindruckender Blick über das Murnauer Moos und Richtung Wettersteingebirge ergibt. Wenn es ein paar Minuten mehr sein dürfen, dann der Allee weiter folgen. Unten am Moorrand, direkt neben dem Ramsachkircherl, liegt das Wirtshaus Ähndl mit seinem hübschen, kleinen Biergarten (www.aehndl.de). Danach gleich noch durch das Ortszentrum schlendern oder erst mal eine (Kaffee-)Pause? Gleichermaßen anbieten würden sich dafür die Murnauer Kaffeerösterei (www.murnauer-kaffeeroesterei.com) oder die Schokoladenmanufaktur Krön-

So viel ist klar: Murnau tickt auf eine ganz eigene Art. Wie viel seiner Eigenart dem Ort schon in die Wiege gelegt wurde und wie viel seiner Aura erst mit den großen Künstlernamen entstand, sei erst einmal dahingestellt.

Fakt ist: Früh zog die Marktgemeinde Künstler an. Wassily Kandinsky und Gabriele Münter kamen 1908 zum Malen nach Murnau. Die Landschaft – das Moor, das Licht, die Berge – begeisterte sie schnell. 1909 kaufte Gabriele Münter ein Haus in der Kottmüllerallee, und fortan waren die beiden für einige Jahre jeden Sommer in Murnau und ließen sich von dem Ort und der Umgebung inspirieren. Bei einem Spaziergang durch die Stadt lässt sich dieser Faszination nachspüren. Am besten startet man dazu »durch die Hintertür«: Vom Bahnhof kommend lässt man die Ausschilderung

Hin & weg: Bahnhof Murnau, nur ein paar Minuten vom Ortszentrum entfernt.

Dauer & Strecke: Etwa 2-stündiger Spaziergang. Oder länger zzgl. Stopps.

Beste Zeit: Ganzjährig.

Ausrüstung: Bequeme Schuhe.

Wenn es Nacht wird: Das historische Angerbräu (www.angerbraeu.de) mit Weinbar und Frühstücksbistro befindet sich direkt am Untermarkt.

Reizvolles Voralpenland: Mit seinem kulturellen Erbe, seiner guter Infrastruktur und viel Natur ringsum gilt Murnau als durchweg attraktives Pflaster.

ner (www.barbara-kroenner.de) – an beiden kommt man direkt vorbei. Dass man sich dort durchaus festsetzen kann, macht gar nichts. Denn mit einer Übernachtung in Murnau lassen sich die Erkundungen zum Beispiel zum Münter-Haus, zum Schlossmuseum oder vorbei an den bunten Hausfassaden von Untermarkt und Obermarkt einfach am nächsten Morgen fortsetzen.

Tipp: Wenn am nächsten Tag eher laut die Natur ruft, bietet sich ein Spaziergang durchs Murnauer Moos oder um den Staffelsee an.

> **FAZIT: EIN WUNDERBARES FLECKCHEN ERDE, UM EIGENEN, NEUEN IDEEN AUF DIE SPRÜNGE ZU HELFEN.**

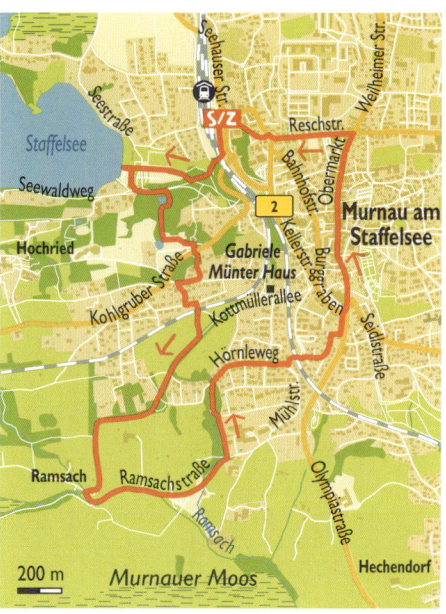

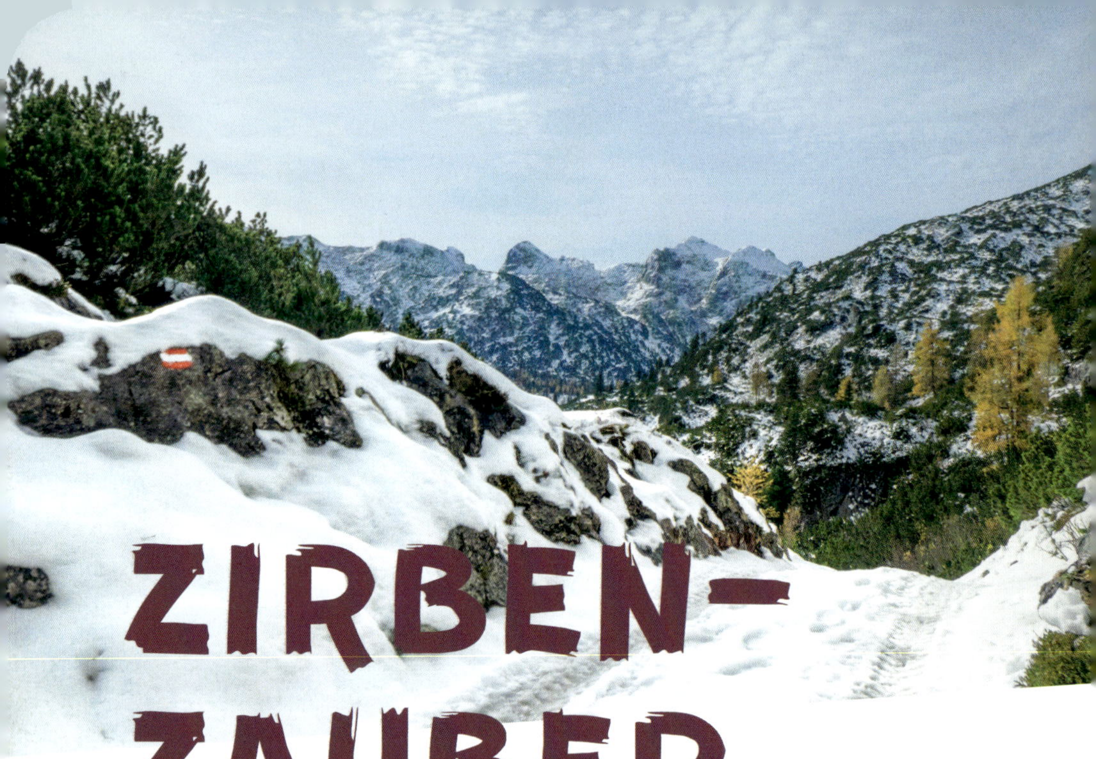

ZIRBEN-ZAUBER

... Herbstwanderung auf die Reiter Alm

#51

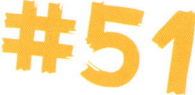

Den Zirbenwald auf der Reiter Alm zu besuchen darf durchaus als kleines Abschluss-Highlight der Wandersaison gelten. Denn dann führen die Bäume ein spektakuläres gelb-grünes Farbspiel auf. Einfach verzaubern lassen!

#FarbenundFormen #Zirben #Lärchen #ReiterAlm #Abschied

Grün-gelbes Farbspektakel der Zirben und Lärchen auf der Reiter Alm.

→ MINIURLAUB …

Im Herbst, wenn alles zur Ruhe kommt, macht sich mitunter eine ganz besondere Stimmung in den Bergen breit. In der Luft liegt das Gefühl des Abschieds. Still geht es dann noch ein vielleicht letztes Mal im Jahr auf Wanderung, um hoch hinaus zu gelangen bis dahin, wo sogar schon der erste Schnee gefallen und liegen geblieben ist. Wer die Farbkombination aus Gelb und Grün sowie das Gegenspiel von knorrigen und feinen Formen mag, muss die Reiter Alm im Herbst schlichtweg lieben. Denn dort lässt sich in einen Zirbenwald eintauchen, der als der größte Zirbenbestand Deutschlands gilt. Allzu

215

Die Alte und Neue Traunsteiner Hütte liegen nur wenige Hundert Meter auseinander. Erstere ist heute eine nichtöffentliche Selbstversorger- (und Holz-Selbstmitbringer-)Hütte, zweitere eine bewirtschaftete Hütte des Alpenvereins.

häufig findet sich dieser Baum hierzulande ja nicht. Denn die Zirbe, die Königin der Alpen, ist eine ausgesprochene Hochgebirgsenthusiastin. Sie fühlt sich erst in Lagen ab 1500 Metern Höhe wohl und kommt ebenso gut mit exponierten Standorten auf bis zu 2800 Metern zurecht.

Die Reiter Alm ist genau das Richtige für sie, ein Tafelgebirge, von dem nach allen Seiten steile Felswände ins Tal abfallen. Einzig schmale Bergwege führen hinauf zu dem Hochplateau, mal abgesehen von einer Seilbahn der Bundeswehr, die hier oben einen Gebirgsübungsplatz unterhält. Erreicht man die Reiter Alm von Norden über den Schrecksteig, scheint man auf 1600 Metern Höhe in eine riesige Suppenschüssel zu schauen. Die Landschaft zeigt sich hügelig, gespickt mit

Karstgräben und Dolinen. Darauf drapiert an mitunter äußerst abwegig erscheinenden Plätzen: die Zirben. Im kurzen Sommer ist es vor allem der Duft der als harmonisierend geltenden Zirben, auf den man aufmerksam wird.

Hin & weg: Mit dem Auto bis zum Parkplatz nahe der Bundeswehr-Seilbahn in Oberjettenberg. Von dort Aufstieg über den Schrecksteig zur Neuen Traunsteiner Hütte.

Dauer & Strecke: Aufstieg zur Hütte 3–4 Std., knapp 1000 hm.

Beste Zeit: Juni–Oktober. Für die Farben: besonders prächtig Anfang/Mitte Oktober.

Ausrüstung: Wanderkluft inklusive fester Schuhe.

Wenn es Nacht wird: Lager und einfache Zimmer in der Neuen Traunsteiner Hütte. Die Alpenvereinshütte ist bis in den Oktober hinein bewirtschaftet (www.traunsteinerhuette.com).

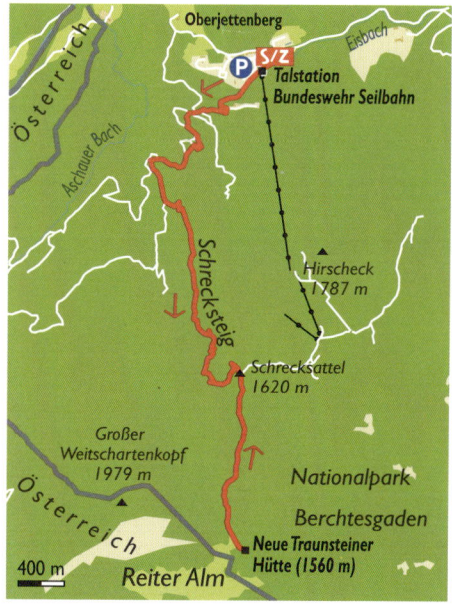

Die letzten Meter des Schrecksteigs, der sich auch bei einem gemäßigten frühen Wintereinbruch noch gut gehen lässt. Noch ein paar Schritte - immer der Sonne entgegen - und die Reiter Alm ist erreicht.

Im Herbst hingegen treten die Lärchen in den Vordergrund. Die beiden Baumarten begleiten einander sehr häufig und sorgen so im Oktober zuverlässig für eine ziemlich grandiose Farb- und Formenkombination: hier dunkelgrün und knorrig, da gelborange und filigran.

Tipp: Um das stille Spektakel ganz auf sich wirken zu lassen, übernachtet man idealerweise in der Neuen Traunsteiner Hütte: erst eine große Runde durch den Zirbenwald drehen und danach die Aussicht von der Sonnenterrasse genießen.

FAZIT: EIN BESONDERS FULMINANTER ABSCHIED VOM BERGSOMMER!

→ MINIURLAUB …

KLAMM-ZAUBER, EISZAUBER

… zur Fackelwanderung in der Breitachklamm

#52 Etwas Geheimnisvolles geht von der tiefen Schlucht aus, durch die sich die Breitach ihren Weg aus dem Kleinwalsertal ins Allgäu bahnt. Vor allem an einem Winterabend im Schein Dutzender Fackeln, die von Schnee und Eis reflektiert werden.

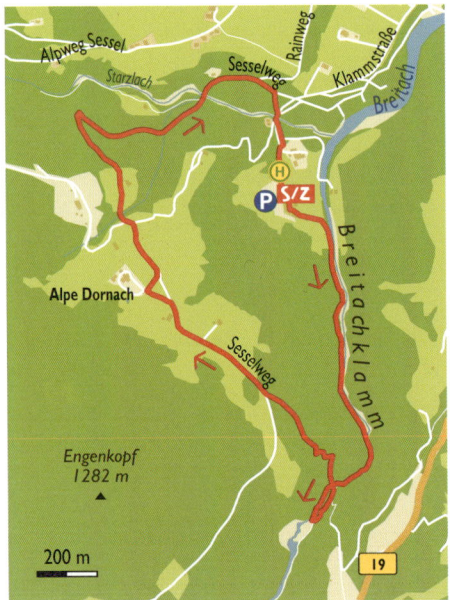

Wo das Wasser im Sommer laut zwischen engen Felswänden hindurchrauscht, gluckst es im Winter nur noch leise. Der Bach liegt träge in seinem Bett, die Breitachklamm ist erstarrt unter einem Eispanzer, bedeckt mit Schnee.

Als der Tiefenbacher Pfarrer Johannes Schiebel vor mehr als 100 Jahren Verbündete warb und Geld auftrieb, um die bis dahin unzugängliche und wilde Breitachklamm zu erschließen, machte sich wahrscheinlich niemand eine Vorstellung davon, was alsbald passieren würde. War die Erstbegehung 1905 durchaus noch als gefährlich einzustufen, entwickelte sich die imposante Felsenge rasch zu einem frühen Allgäuer Touristenhotspot. Schon Anfang der 1920er-Jahre zählte der extra für die Erschließung der Klamm gegründete Verein um die 100 000 Besucher.

Tagsüber lohnt es sich, den Rundweg über die Alpe Dornach zu laufen und etwas (oder auch mehr) Hunger mitzubringen. Sehr gemütliche Übernachtungsoptionen gibt's dort auch.

Mehr als 100 Meter ragen die Felswände der Breitachklamm senkrecht oder gar überhängend gen Himmel, was ihr den Rang der tiefsten Schlucht Mitteleuropas einbringt. Und auch ihr früherer Name »Große Zwing« kommt nicht von ungefähr: Die Felswände nähern sich an der engsten Stelle bis auf zwei Meter an.

Schon an sonnigen Wintertagen geizt die Klamm, eines der bekanntesten Naturschauspiele des Allgäus, nicht mit ihren Reizen. Spät am Vormittag lugt das Sonnenlicht von der Seite in die Schlucht, lässt mit größter Behutsamkeit die Schneekristalle der mit dem Winterweiß bedeckten Felsen millionenfach auffunkeln und die meterhohen Eisvorhänge an den Wänden im Licht blitzen. Doch eine ganz besondere Magie entfaltet die Klamm in der Dunkelheit. Dann nämlich bietet sich eine außergewöhnliche Möglichkeit, sie zu erleben: während einer Fackelwanderung, die an zwei Abenden der Woche stattfindet, sofern das Wetter passt.

Nun wäre es vermessen zu glauben, dass zu diesen Anlässen nur eine Handvoll Besucher unterwegs seien. Speziell wenn eine Schmelzperiode in der sich aufwärmenden Luft liegt, warten schon mal unglaublich viele Gäste auf den Einlass. Doch zurückschrecken braucht man deshalb nicht. Zum einen entzerrt sich ab dem ersten Meter die Gästeschar. Zum anderen lohnt es sich, schon etwas zeitiger zur Kasse zu kommen. Bei abendlicher Öffnung der Klamm kann man sich so im vorderen Teil des Fackelzuglichtermeers einreihen, das sich in die zunächst breite und dann immer enger werdende Klamm ergießt. Am Abend ist hinter dem imposantesten und engsten Abschnitt der Klamm nach knapp 1,5 Kilometern Schluss und es geht wieder retour zum Kassenhaus. Wer stattdessen tagsüber unterwegs ist, hat die Möglichkeit zu einem Rundweg. Dazu steigt man über eine kurze Treppe zum hinteren Kassenhaus auf, absolviert ein paar weitere Höhenmeter und kann kurze Zeit später von einer schmalen, hoch über der Klamm schwebenden Eisenbrücke, dem sogenannte Zwingsteg, tief hinunterschauen. Von dort führt der Weg weiter über die Alpe Dornach und in einem Bogen zurück zum Ausgangspunkt.

FAZIT: EINE FACKELWANDERUNG IST DIE VIELLEICHT BEZAUBERNDSTE ART, DIE BREITACHKLAMM ZU ERKUNDEN.

Hin & weg: Ortsbus von Oberstdorf zur Breitachklamm (abends auf die Fackelwanderung getaktet).

Dauer & Strecke: 2 Std. für die Fackelwanderung, tagsüber als Rundweg über die Alpe 5 km.

Beste Zeit: Dezember–März. Für die Fackelwanderung nach Heiligabend bis Ende März (je nach Schneeschmelze) dienstags und freitags.

Ausrüstung: Warme Sachen, feste Schuhe, Mütze und Handschuhe

Wenn es Nacht wird: Auf der Alpe Dornach (www. alpe dornach.de) gibt es neben sehr gutem Essen auch 15 Zimmer und Apartments. Die Alpe darf durchaus als Übernachtungsgeheimtipp gelten. Frühzeitiges Buchen empfohlen ... vielleicht sollen es ja gleich ein paar Nächte mehr im Allgäu sein!

SONST NOCH WICHTIG

VOM
ALLGÄU...

... BIS ZUM
ZIRBENWALD BEI
BERCHTESGADEN

ZUG-
SPITZE

Ein- und Überblick

*Karten für den schnellen Überblick, prakti-
sche Tipps, mehr über die Autorin sowie ein
Ortsregister zum schnellen Nachschlagen
gibt es auf den folgenden Seiten.*

GPX-Download aufs Smartphone - So geht's

Voraussetzung:
Eine Outdoor-App muss installiert sein, z. B. KOMPASS,
Outdooractive und komoot. Zum Einlesen des QR-Codes
benötigen Android-Geräte eine QR-Code-App. Bei IOS-
Geräten ist diese Funktion in der Kamera integriert.

Daten downloaden:
1. Den QR-Code einlesen oder die Webadresse im Browser
   eingeben, um auf die Eskapaden-Website zu gelangen.
2. Die gewünschte Tour zum Download anklicken.
3. Bei IOS-Geräten werden die GPX-Daten direkt mit der
   vorab installierten App verknüpft. Bei Android-Geräten
   muss ggf. noch ein Weiterleiten-Button geklickt werden (z. B. oben rechts im Display). Manche Apps
   zeigen den Tourverlauf starr an, andere verfügen über
   eine Navigationsfunktion.

Tourenverlauf

GPX-Daten zum
kostenlosen Download
www.dumontreise.de/
eskapaden/bayerische-alpen

short.travel/agtpd

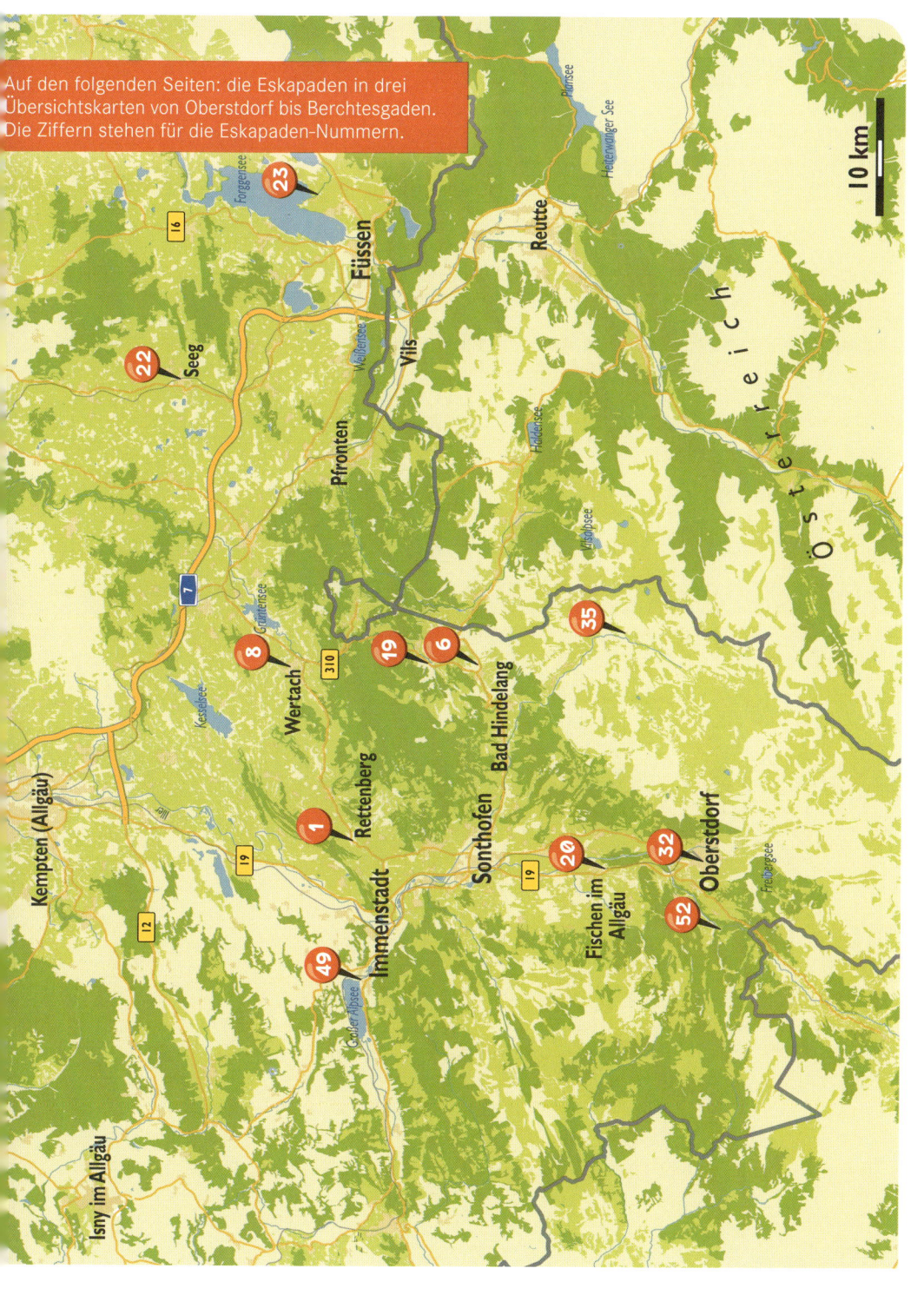

Auf den folgenden Seiten: die Eskapaden in drei Übersichtskarten von Oberstdorf bis Berchtesgaden. Die Ziffern stehen für die Eskapaden-Nummern.

10 km

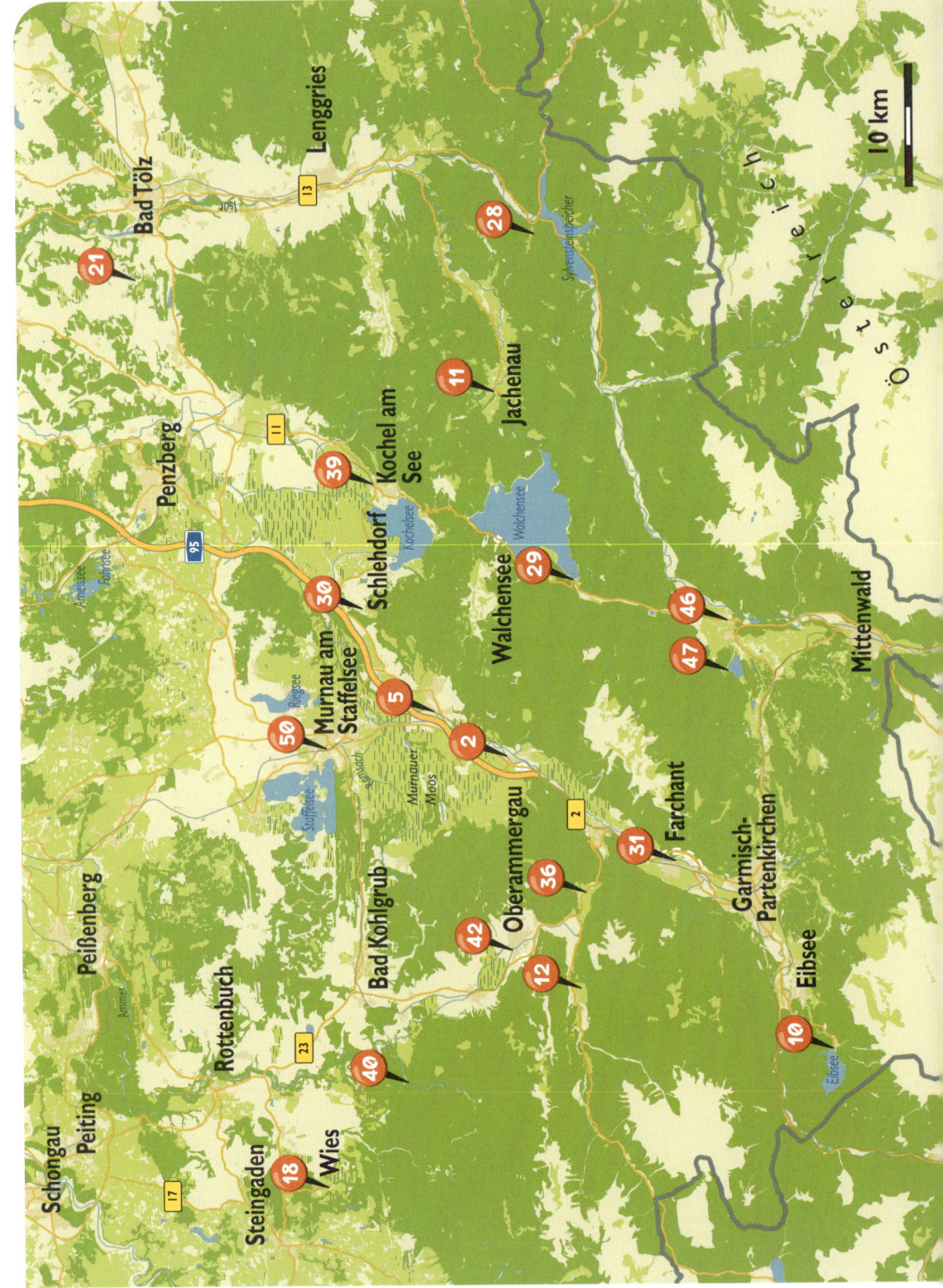

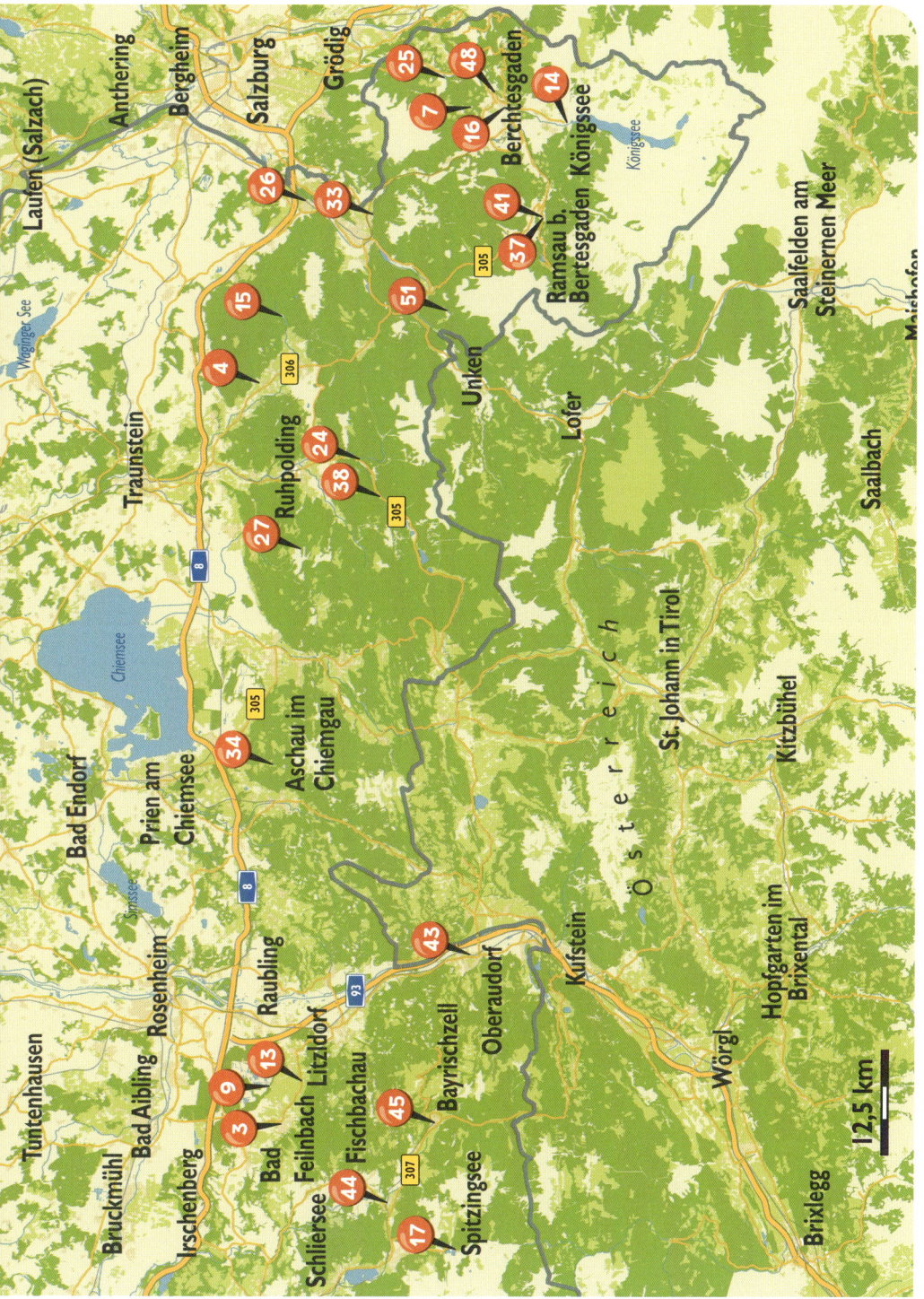

NOCH MEHR ESKAPADEN ...

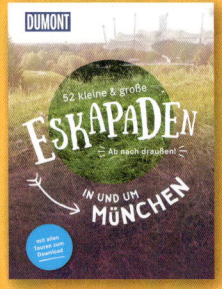

ISBN 978-3-7701-8075-2

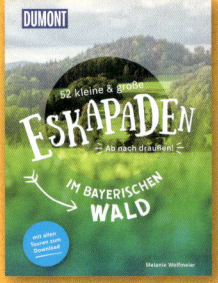

ISBN 978-3-7701-8089-9

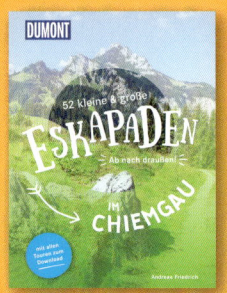

ISBN 978-3-7701-8095-0

... erhalten Sie im gut sortierten Buchhandel
und unter www.dumontreise.de

IMPRESSUM

Reihenkonzept Monique Sorban

Projektmanagement Svenja Heinle, Monique Sorban

Cover-/Buchgestaltung und Illustrationen Carolin Weidemann, Köln, www.weidemann-design.com

Lektorat Dr. Barbara Münch-Kienast, Andechs, www.barbara-muench-kienast.de

Fotos Nadine Ormo, München, www.alpenkontor.de

Kartografie Madlen Keilhauer, Oliver Rau; © MAIRDUMONT, Ostfildern, unter Verwendung von Kartendaten von © OpenStreetMap-Mitwirkende, Lizenz CC-BY-SA 2.0

Printed in Poland

2. Auflage 2020
© 2019 DuMont Reiseverlag, Ostfildern
ISBN 978-3-7701-8088-2

www.dumontreise.de

love
Freiheit.

Weiterlesen

Drei Magazine rund um die Alpen, in denen sich gut blättern und lesen lässt: Alpiner Lebensart kann man im dreimonatlich erscheinenden »Alps« nachzuspüren. Mit Anregungen für entspannte oder anspruchsvolle Touren sowie Ausrüstung wartet »Alpin« auf. Auf vielen Hütten liegt außerdem »Panorama« aus, dessen Themen nicht nur für Mitglieder des Deutschen Alpenvereins interessant sind.

Geschmackssachen

Allgäuer Käse lässt sich zünftig auf der Buchel Alpe (#19) probieren. Einfach nur gemütlich ist's in den Stuben vom Gasthof Auzinger (#37). Für Slow-Food-Küche im Forsthaus Adlgaß einkehren (#15).

Ohne Auto

Viele der Eskapaden sind mit Bus und Bahn zu erreichen und weitestgehend unter www.bahn.de plan- und buchbar. In manchen Regionen fahren saisonal zusätzliche Bergsteiger- oder Wanderbusse. Sind einzelne Eskapaden ausschließlich mit dem Auto erreichbar, ist dies explizit angegeben.

GUT ZU WISSEN ...

Sicherheit & Notfälle

Die Berge sind kein Spielplatz. Doch auch mit größter Umsicht lassen sich Gefahren in den Bergen nicht immer rechtzeitig erkennen und vermeiden. Im Fall der Fälle die zentrale europäische Notrufnummer 112 (gebührenfrei) wählen und so die Bergwacht und andere Rettungsdienste alarmieren.

Vor Ort im Netz

Jede Menge kleiner Draußentipps und großer Tourenvorschläge in und entlang der Alpen, von Oberstdorf bis Berchtesgaden, gibt es auch in bayerischen Outdoor-Blogs wie www.lustaufnatour.de, www.gipfelfieber.com oder www.gamssteig.de.

ESKAPADEN-REGISTER ...

⋛ Alle Orte mit Seitenverweisen ⋚

NADINE ORMO

⋲ ... über die Autorin ⋺

Nadine begeistert sich für Moore, Zirbenwälder und Schneeflocken. Und immer wieder ganz besonders für weite Bergblicke. Regelmäßige Touren – mal kurz, mal ausgedehnt – führen sie daher oft in die Alpen; dabei findet sie gleichermaßen Entspannung und Inspiration.

Nadine lebt und arbeitet seit 2001 in München. Von ihr stammen in dieser Reihe auch die »Eskapaden in und um München«, die das vorliegende Buch aufs Beste ergänzen. Außerdem teilt sie vielseitige Draußen-Tipps immer wieder auch in ihrem Blog www.kulturnatur.de.

Außergewöhnlich schlafen

Eskapade #48: Wenn »am Berg« auch mal »im Berg« bedeuten darf.

Frühes Glück

Eskapade #45: Man nehme sich zwei Tage Zeit, übernachte auf einer Berghütte und steige zum Sonnenaufgang auf den nahen Gipfel. Einfach magisch und kontemplativ!

5 BESONDERE EMPFEHLUNGEN ...

Geheimnisvolles Funkeln

Eskapade #52: Zwischen den engen Felswänden der Breitachklamm senken sich im Winter meterlange Eisvorhänge zum Boden. Das ganz große Glitzern gibt's bei einer abendlichen Fackelwanderung.

Hochsommerspaß

Eskapade #28: Eine Stunde oder einen ganzen Tag an einer Gumpe zu verbringen, ist die vielleicht lässigste Art, den Sommer in den Bergen zu genießen.

Kälte spüren

Eskapade #15: Im Chiemgau versteckt sich ein See, der als der kälteste Mitteleuropas gilt. Es liegt auf der Hand, dass sich winterliche Tage besonders gut dazu eignen, ihn zu umrunden.